# 住まいのインテリアデザイン

牧野　　唯
木谷　康子
郡司島宏美
齋藤　功子
北本　裕之
宮川　博恵
奥田　紫乃
北村　薫子
◆著

朝倉書店

● 執筆者 ●

| 牧野　唯 (まきの　ゆい) | 島根県立島根女子短期大学家政科生活科学専攻専任講師／博士（学術） |
| 木谷　康子 (きたに　やすこ) | 滋賀女子短期大学生活学科助教授 |
| 郡司島宏美 (ぐんじしまひろみ) | 松山東雲短期大学生活科学科生活デザイン専攻助教授 |
| 齋藤　功子 (さいとう　のりこ) | 池坊短期大学環境文化学科助教授／博士（学術） |
| 北本　裕之 (きたもと　ひろゆき) | 美作女子大学生活科学部福祉環境デザイン学科助教授／博士（学術） |
| 宮川　博惠 (みやかわ　ひろえ) | 安田女子短期大学生活科学科専任講師／博士（学術） |
| 奥田　紫乃 (おくだ　しの) | 広島国際大学社会環境科学部住環境デザイン学科専任講師／博士（工学） |
| 北村　薫子 (きたむら　しげこ) | 武庫川女子大学生活環境学部生活環境学科専任講師／博士（学術） |

（執筆順）

# はじめに

　「インテリアデザイン」と聞くと，初心者のみなさんは，お洒落な部屋，憧れの仕事というイメージを思い浮かべると思います．インテリアの外見の印象に目が行きがちですが，良いインテリアデザインには，無理や無駄のないように，いろいろな知恵がかくされているのを知っていますか？　空間に合ったインテリアデザインをするには，そこで行われている生活の現状を，よく観察し，よく考え，正しく選択することが大切です．この本は，部屋の模様替えをするたびに「ちょっと違うなァ」と感じるみなさんのための，住まいのインテリアデザインの基礎的なテキストです．

◆

　内容は，4つのステップにわかれています．インテリアのさまざまなスタイルを紹介する「インテリアのデザイン」，住まいのデザインに最も重要な「インテリアの計画」，心理的・生理的に快適な空間を創るための「インテリアの演出」，インテリアデザインを仕事にするためのポイントを紹介する「インテリアの情報」．そして，これらのステップに応じて，自分で考えたインテリアプランを表現するための「インテリアの表現」を加えました．

◆

　このテキストは，短大や専門学校でインテリアデザインを学び始める人を対象に書かれています．卒業後，インテリアに関する資格を取得できるように，主に，インテリアコーディネーターの1次試験・2次試験に対応したレベルとしています．また，これからの時代に必要な福祉関連の内容も多く含んでいます．初心者にもわかりやすい身近な表現で，図や表を用いて視覚的に理解できるようにしていますので，しっかり勉強して，かしこい生活者としてのインテリアデザイナーになってください．

　　　2002年春

早咲きの桜の下で<br>北 村 薫 子

# 目　　次

――――――――――――――――――――――――――[インテリアのデザイン]
1. インテリアデザインの事例　　　　　　　　　　　〔牧野　唯〕1
　　1.1　インテリア・住まいのデザインに関心を　　2
　　1.2　インテリアの重要性　　3
　　1.3　インテリアプランニング　　4
　　1.4　インテリアスタイル　　8
　　　♣ TOPICS：インテリアに関わる専門職と資格　　10

――――――――――――――――――――――――――[インテリアの計画]
2. 広さとかたち　　　　　　　　　　　　　　　　　〔木谷康子〕11
　　2.1　住まいと人間工学　　12
　　2.2　生活空間の計画　　14
　　2.3　各部屋の基本寸法　　16

3. 家具と収納　　　　　　　　　　　　　　　　　　〔木谷康子〕21
　　3.1　家具と人間工学　　22
　　3.2　家具の構造　　24
　　3.3　家具の歴史　　26

4. インテリアの設備　　　　　　　　　　　　　　　〔郡司島宏美〕31
　　4.1　これからのインテリアの設備　　32
　　4.2　電気・ガス・水道　　33
　　4.3　換気設備　　36
　　4.4　冷暖房設備　　38
　　　♣ TOPICS：IT 時代のホームオートメーション　　40

5. 間取りと住まい方　　　　　　　　　　　　　　　〔郡司島宏美〕41
　　5.1　間取りの近代化　　42

5.2 変化と間取り　44
5.3 各部屋を考える　46
5.4 高齢者とともに住む　48
　　♣ TOPICS：家事労働と住まい　50

## 6. 集合住宅の住まい方　　　　　　　　　　〔齋藤功子〕51
6.1 いろいろな集合住宅　52
6.2 集合住宅の管理　54
6.3 集合住宅での暮らしのルール　56
6.4 高層集合住宅の暮らし　58
　　♣ TOPICS：高齢者住宅　60

## 7. 安全で健康的な住まい　　　　　　　　　　〔齋藤功子〕61
7.1 住まいは安全か　62
7.2 高齢者の身体特性とバリアフリー住宅　64
7.3 健康的な住まい　68
　　♣ TOPICS：バリアフリーとユニバーサルデザイン　70

―――◆インテリアの表現 I ◆
〔北本裕之〕71
インテリアを表現するには　72 ／ 表現のいろいろ　74

―――［インテリアの演出］
## 8. 色彩と配色　　　　　　　　　　　　　　〔宮川博恵〕81
8.1 色の基礎知識　82
8.2 色の体系　84
8.3 色彩の心理的効果　86
8.4 色の対比　88
8.5 配色と調和　89
　　♣ TOPICS：配色用語　90

## 9. 採光と照明　　　　　　　　　　　　　　〔奥田紫乃〕91
9.1 自然光による照明　92
9.2 窓材とウインドウトリートメント　94
9.3 照明計画　96

9.4　照明による空間の演出　　98
　　　　♣ TOPICS：食べ物をおいしく見せるあかり　　100
　　　　　　　　顔を美しく見せるあかり　　100

## 10. インテリアの材料　　〔北村薫子〕101
　　10.1　インテリアの材料　　102
　　10.2　材料のいろいろ　　104
　　10.3　材料に求められる性能　　106
　　10.4　材料の見せ方・使い方　　108
　　　　♣ TOPICS：インテリアの材料と「シックハウス症候群」　　110

――――――――――――――――――――――――――――〔インテリアの情報〕

## 11. 住まいのリフォーム　　〔牧野　唯〕111
　　11.1　簡単なリフォーム　　112
　　11.2　リフォームと維持管理　　113
　　11.3　リフォームの事例―要因―　　114
　　11.4　バリアフリー・リフォーム　　117
　　11.5　マンション・リフォーム　　118
　　11.6　リフォームと施工　　119
　　　　♣ TOPICS：工事内容　　120
　　　　　　　　マンションの区分所有　　120

## 12. インテリアの仕事と関連法規　　〔北村薫子〕121
　　12.1　インテリアコーディネーターの仕事　　122
　　12.2　コンサルティングとは　　124
　　12.3　関連法規とインテリアの資格　　126
　　　　♣ TOPICS：インテリア・建築に関連する資格　　128

――――――――――――――――――――――◆インテリアの表現 II ◆
　　　　　　　　　　　　　　　　　　　　　　　〔北本裕之〕129
　　インテリアを表現する　　130

参考文献　　137
索　引　　141

[インテリアのデザイン]

# インテリアデザインの事例

インテリアや住まいのデザインに関心を高めるため，住宅やショップなど，さまざまなインテリアの事例と，デザインの工夫を紹介します．インテリアの演出や工夫は，あらゆる場面で見かけられます．住宅だけでなく公共建築，商業建築におけるインテリアの演出や工夫にも目を向け，インテリア計画の役割や目的を考えたり，空間のデザインについて理解を深めていきます．

和風？　洋風？（ACTUS）

## 1.1 インテリア・住まいのデザインに関心を

**住まい・インテリアに こだわろう**

ファッションや車と同じ感覚で、住宅にもこだわる傾向が強まりつつあります。住宅へのこだわりといっても人それぞれ価値観が違いますが、周辺環境、間取り、インテリアなどにライフスタイルを反映させて、住宅を選ぶことは楽しいものです。

**住まいと ライフスタイル**

例えば「都心に近い 1LDK のマンションで、モダンなシンプルライフがしたい」といった、さまざまなスタイルが考えられます。そのようなイメージから、日々の生活を、どのように快適にしていくかについて専門的に考えていくと、住まいのデザインはとても奥深い分野です。

**生活雑貨から住宅まで トータルに考える**

インテリアショップが小物や家具を扱うだけにとどまらず、住まいを設計してトータルにライフスタイルを提案しています。服や帽子、文房具、冷蔵庫などの家電製品、皿やコップ類など、「おしゃれなモノ」はすべてインテリアに関連する商品です。そして、私たちが選ぶモノやライフスタイルと住まいがしっくり合うこと、これが生活をより良くしていくための大きな課題になってきました。

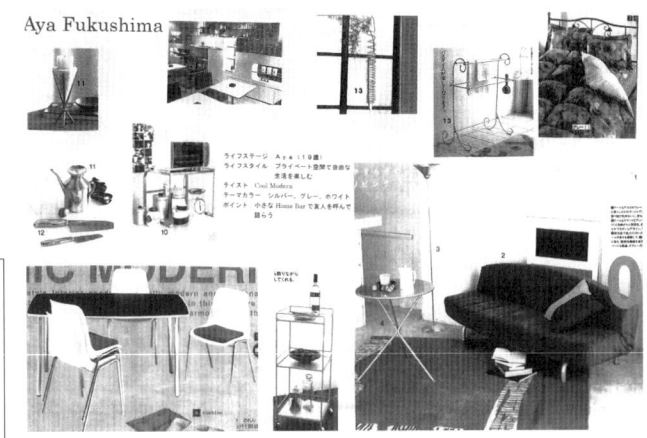

| コラージュ (collage) 気に入ったイラストや写真、雑誌の切り抜きを貼ることで、ライフスタイルやインテリアのイメージをとらえる手がかりにします。

**図 1-1 プライベート空間の演出―コラージュ―**

## 1.2 インテリアの重要性

**住み心地を追求する**

家具の選び方一つで，室内のイメージはさまざまに演出できます．ベッドカバーなどのファブリックの色使い，家具の選び方や配置の仕方で，居心地の良さや使いやすさが変わります．住み心地を良くするために，私たちはいろいろとインテリアを工夫しているのです．

**21世紀の豊かな暮らし**

一つ，ぜひ注意してほしいことは，21世紀の生活者にふさわしいライフスタイルを考えながらコーディネートすることです．モノの豊かさよりも心の豊かさが重視されるように価値観は変わっています．量だけでは生活が満たされず，質の良さが精神的に豊かな生活をもたらすことに，私たちは気づき始めました．デザイン，色・素材，使いやすさなど，さまざまな面からクオリティ（質）を厳しく検討することが重要です．

気に入った家具を長く愛用する，そんなことからインテリアにこだわっていきたいものです．

図1-2 ロングセラー
建築家ル・コルビュジエがデザインし，ニューヨーク近代美術館にコレクションされたソファー．
(Cassina・Interdecor Japan)

---

**インテリア専門店**
照明器具：ヤマギワ，松下電工
壁紙：SINCOL，サンゲツ
カーテン：東リ，川島織物
設備：TOTO，INAX，タカラスタンダード
家具：Cassina，天童木工

---

インテリア専門店には，照明器具などの各種メーカーや，海外の家具を扱う輸入代理店などがたくさんあります．ショールームに出かけたりカタログを入手して，高齢者に配慮したデザイン，地球環境や健康に配慮した商品など，企業の最新動向を把握します．

## 1.3 インテリアプランニング

**インテリアの演出**　住宅, 公共建築, 商業建築など, 身近なインテリアの事例を紹介しながら, 演出のされ方やポイントを簡単に説明します.

**ワンルーム事情**
　―女子大生の部屋―

短大や大学に進学してひとり暮しの生活を始めた人も多いでしょう. 間取りはワンルームや 1K（ワンルーム & Kitchen）タイプが主流ですが, 部屋を選ぶなら, 広さと窓の方角のほかに, キッチンの広さ, 玄関の位置, 収納の大きさなどにこだわると, 住み心地の良い物件が見つかります.

ワンルームの広さは 20 $m^2$ 前後で, 構造は RC 造, 木造, 軽量鉄骨造などです. そのほか建築年数, 設備の充実度, 立地条件などが, 家賃に反映されています.

部屋の中でカーテンは, 大きな面積を占めるインテリアエレメントです. その色・柄選び, 床と壁の色や素材との組合せによって, 部屋の雰囲気が変わります. インテリア計画としては, 照明器具, いすやテーブル, コップやプレートなどを選ぶ際に色や柄を統一し, 全体を意識してコーディネートします.

ワンルームは, キッチンが狭くて使いづらい, 部屋にベッドを置いたら思うように机を置けないなど, 不満も多いようです. 住まいには「落ち着いて寝る」という機能が求められますが, この基本的な住要求を満たす以外に「料理がしやすい」,「個性を演出できる」ことなど, 大切な役割がたくさんあります.

ロフトベッドでスペースを有効利用

図 1-3　ひとり暮しのインテリア

**リビングルーム**　住まいの中心に位置づけられるリビングルームは，家族が集まって，だんらんしたり，くつろぐ場所です．リビングでは，ダイニングルームとの位置関係や接客の仕方などにより，動線や家具配置を工夫します．広い空間を家具で仕切ったり，テレビやソファーの配置によって，くつろいだ雰囲気にします．

　　また，個室のある2階とのつながりを意識して，吹き抜けのリビングにしたり，ライトコートを設けて，日差しの降りそそぐ明るいイメージになるよう演出します．

図1-4　シンプルなリビングルーム
　　　　（積水ハウス東京設計部
　　　　監修，1998）
広々とゆったりした空間に，シンプルなインテリア．壁面や床面をすっきりさせると，部屋を広く見せることができます．窓にはモダンな雰囲気にあったバーチカルブラインドが使用されています．

**デザイナーの住まい**　吹き抜け，ハイサイドライト，トップライト，ロフト，キャットウォーク，スキップフロア，らせん階段など，空間には，さまざまなかたちや演出の仕方があります．インテリアや建築の専門誌を読むと，専門家によるいろいろな設計手法，インテリア素材の選び方，家具デザインの好みなどがわかるようになります．

図1-5　デザイナーの住宅
「住みたい家を自分でつくる．」建築材料や構法，間取りを工夫すれば，ローコストも可能です．既成概念にとらわれない，世界にたった一つの家が完成します．
将来，建築士やインテリアプランナーなどの資格を取得して，自分の手で設計した家に住めたら素敵です．

**公共建築の
インテリアデザイン**

図書館，美術館，病院，小学校などの公共建築のインテリアは，たくさんの人が利用しやすいように計画されています．身近な公共建築である図書館は，有名建築家によって設計されることも多く，さまざまなデザインの工夫を学ぶのに適しています．公共性のある建築物は，周辺環境との調和，エントランスのわかりやすさ，空間構成や動線などに配慮してデザインされます．

図 1-6 図書館のインテリア
　　　　（日本ファイリング）
地方の図書館とはいえ，魅力的な演出がたくさんあります．窓は，外の景色が見やすいビューウインドウになっています．また，いすはハンス・ウェグナーのYチェアであることにも注目してください．デザイナーのいすに座って，ゆっくり本を読んだり，ときには外の風景に目を向けたり，さまざまに楽しめる空間です（滋賀県湖東町立図書館）．

**商業建築の
インテリアデザイン**

ファッションビルなど，人がにぎわう場所には，内装や照明デザインに凝った店舗がたくさんあります．照明によって商品を引き立たせる演出がされたり，季節感などの色が与えるイメージや人の視線を考慮した演出が行われています．また，外国の街並みをイメージしたショッピングモールでは，舗装やスト

図 1-7 オープンテラス
オープンテラスで，ゆっくり過ごしながら，季節の移り変わりを楽しんだり，通りすぎる人を観察してセンスを磨きます．

1. インテリアデザインの事例 | 7

リートファニチュアなどのエクステリアにも，楽しくなる演出がたくさんみられます．

**ティールーム＆カフェ**　かつて，スコットランドの建築家 C.R.マッキントッシュは，グラスゴーにあるティールームのインテリアを手がけた際，店舗にあわせたいすをデザインしました．背もたれの部分が高い「ハイバックチェア」は，ティールームの空間とその中にいる人々を意識してデザインされました．

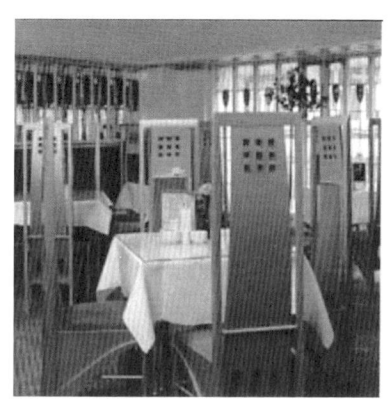

図 1-8　ティールーム（ウィローティールーム）

**移動空間のデザイン**　インテリア計画の対象は，車両内のデザインにも及びます．長時間を過ごす車内では，人がくつろげるように，人間工学や環境工学をふまえ，座り心地や空調などの快適さが配慮されています．

図 1-9　オフィスシート
　　　（JR 西日本）
移動時間を有効に利用できる PC 対応の設備を備えたシートです．ノートパソコンの置けるテーブル，電源コンセントを装備しています（ひかりレールスター）．

## 1.4 インテリアスタイル

**スタイルのいろいろ**　住まいやインテリアのデザインは，現代的なものから伝統的なものまでさまざまです．デザインの特徴を文化的・歴史的背景とあわせて理解し，これからのライフスタイルにふさわしいデザインについて考えることも重要です．

**地域的スタイル**　にぎやかな都会での暮らし，自然に恵まれたところでの暮らし，それぞれ住まい・インテリアのスタイルは違ってきます．また，イタリアの家具，北欧の家具など，世界各国に個性的なインテリアデザインがあります．材料となる木材に恵まれていたり，誇り高く技術の確かな職人がいるなどの，地理的条件や文化的背景とあわせてデザインの特徴を知ることも大切です．デザインには，自然や風土，民族独自の建築様式，独特な生活文化が反映されています．

**歴史的スタイル**　地域別のほかに，時代別によってスタイルをおおまかにとらえるとわかりやすいでしょう．例えば，マホガニーなどの高級銘木を用いた，重厚感のある「クラシックスタイル」と，近代素材であるスチールやガラスなどを用いた「モダンスタイル」のように，素材やデザインには時代の特徴があります．

**クラシックスタイル**　シャンデリア，暖炉のある洋館など，明治以降に建てられた洋風建築には格調高い重厚なイメージがあります．バロック，ゴシック，ロマネスクと時代をさかのぼり，西洋建築史から，デザインのルーツを学びます．

**図1-10　洋風の影響―迎賓館―**
迎賓館の建物は，明治時代に建てられた日本最初の洋風宮殿で，文化財的価値がきわめて高いものです．外観は華麗なネオ·バロック様式で，片山東熊の設計です．外壁には花崗岩（御影石）が用いられています．

エレガントスタイル　　ドレープカーテン，アンティーク家具などでインテリアをまとめると，やさしい穏やかな雰囲気になります．伝統的なデザインであるとはいっても，18世紀末のロココ調や19世紀末のアールヌーボーには洗練された優雅さがあり，現代でも好まれています．

モダンスタイル　　黒白のモノトーンなどの色使い，革張りにメタルフレームのいす，ガラス素材のテーブルなどの家具類は，モダンな印象を与えます．20世紀初頭のドイツやウィーンで，装飾を排した幾何学的なデザインが脚光を浴び，機能性・合理性のある美しさが注目されました．無駄な装飾を省いた直線的なフォルム，新素材にあう軽やかな空間は，デザインの歴史を通して高められてきたものです．また，飾りを控えたクールなインテリアとして，コンテンポラリーなジャパニーズテイストが注目されています．

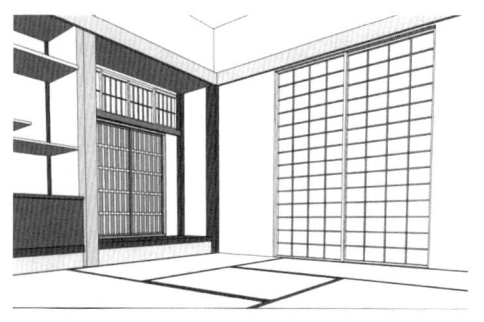

**図1-11　床の間のルーツ**
—東求堂—
日本でインテリアのルーツをさかのぼると，平安時代の寝殿造にゆきつきます．貴族の文化から武士の文化を背景にした，日本独自の室礼の変遷をたどることも大切です．

カントリースタイル・リゾートスタイル　　チェックやストライプの柄のファブリックからは，カジュアルな印象を受けます．海辺のマリンテイストや，花柄のカントリーテイストのように，色彩・素材の良さや簡素なデザインを活かします．ナチュラルテイストのリビングや子供部屋，アジアンテイストのリゾートホテルのようなインテリアイメージがつくり出されます．

　これらのスタイルは，フォーマルな場面にふさわしいクラシックスタイルに対して，インフォーマルな場面でのくつろぎや安らぎ感があります．

TOPICS

**♣インテリアに関わる専門職と資格**

**インテリアコーディネーター**：インテリアエレメントをコーディネートし，快適な空間を提案する仕事です．カラーコーディネートなどによるセンスの良さに加えて，建築構造や施工に関する幅広い知識を必要とします．社団法人インテリア産業協会によって 1983 年に発足しました．2003 年度から受験資格（年齢）の制限がなくなりました．

**インテリアプランナー**：インテリアや建築に関する専門的な知識・技能を活かして，インテリアの企画設計から工事監理までを行うインテリア設計の専門家です．短大で受験資格認定のための必要単位を取得し，卒業後実務経験 4 年を経ると受験ができます．この資格制度は 1987 年に発足し，財団法人建築技術教育普及センターが認定しています．

**福祉住環境コーディネーター**：「建築や福祉用具」の知識・技術と「保健・医療・福祉」の知識をあわせ持ち，生活者が高齢になっても安心して自立した生活ができるように住環境の整備を支援する専門家です．東京商工会議所検定センターによって 1999 年に発足しました．

**カラーコーディネーター**：ファッション分野，商品開発，インテリア・建築分野で，カラーコーディネーションや色彩計画を担当する専門家です．色の見え方や測定法，心理的効果などの知識を必要とします．東京商工会議所検定センターが実施しています．

**二級建築士**：小規模な住宅や店舗などの設計と工事監理に携わる国家資格です．建築士法に基づき都道府県知事が試験を実施し，建築計画・構造・施工・法規の 4 分野にわたる学科試験と，建築設計製図の実技試験を受験します．短大で受験資格認定のための必要単位を取得し，卒業後実務経験 0 ～ 2 年で受験ができます．

（12 章も参照）

[インテリアの計画]

# 広さとかたち

快適な住まいの条件の第一に，適切な広さで計画するということがあげられます．私たちの日常のさまざまな生活行為に必要な空間の寸法や，日常使用している家具・設備の寸法を具体的に把握し，それらについて十分配慮して住まいを考えるということが大切です．

## 2.1 住まいと人間工学

**人体寸法・動作寸法**　私たちの身のまわりのものは，私たちの身体各部の寸法を基準にして，つくり出されています．

人体そのものの寸法を静的人体寸法といいます．人の身体の各部分の寸法は，長さ方向には身長に比例し，横方向には体重に比例しています．このような人体各部分と身長を比例関係であらわしたものを人体比例といい，住まいを計画する場合に，寸法を決定する目安となります．

人が一定の姿勢をとり，身体や手足を動かしたときに，平面的あるいは立体的につくられる領域の大きさを動作寸法といいます．

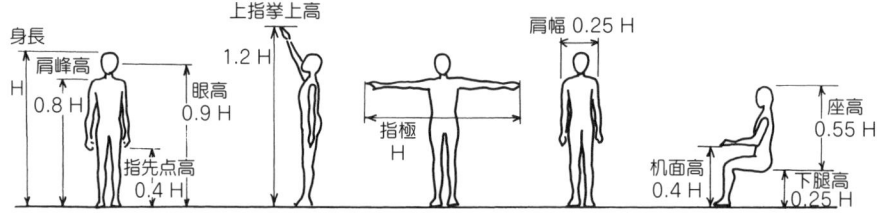

図 2-1　人体寸法の略算値

**作業域**　一定の位置で身体各部を動かしたときに，平面的または立体的につくられる運動の領域を作業域といいます．

作業域には，机や作業台のような水平面上で行われる作業についての水平作業域と，腕を上下垂直に動かす作業についての垂直作業域があります．

また，ひじを曲げた状態で自由に手が届く領域を通常作業域といい，上肢を伸ばした場合に達する領域を最大作業域といいます．

水平作業域と垂直作業域を組み合わせたものを立体作業域といいます．

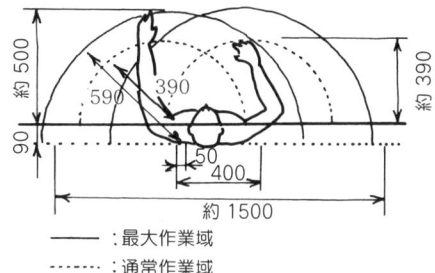

―――：最大作業域
------：通常作業域

図 2-2 水平作業域の例

**動作空間**　　　人とモノとを関連させた作業域の広さを動作空間といいます．実際には，動作空間は『人体寸法または動作寸法』＋『モノの機能寸法』＋『ゆとりの寸法』で見積もります．

　必要最低限の動作が行える空間を最小空間，比較的十分なゆとりの空間を持たせたものを必要空間といいます．

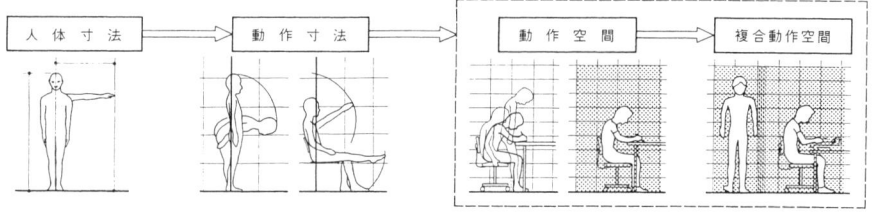

図 2-3 動作空間の概念（日本建築学会編，1980）

**単位空間**　　　計画しようとしている部屋で想定される生活行為について，動作空間の組合せを考えたものを単位空間といいます．動線，視線，方位，開口部の位置などを加味しつつ，組合せや配置を考えます．

> **動線計画**
> 動線とは，人やモノの動きの軌跡をいう．一般に長さを短縮し，異質のものは交錯させないよう計画する．

## 2.2 生活空間の計画

**寸法の基準**

住まいの設計や生産に用いられる寸法の単位または寸法の体系をモジュールといいます．これらのモジュールを用いて住空間を構成することをモジュラーコーディネーションといいます．代表的なものは，畳の寸法です．畳1枚の大きさ3尺×6尺（約 900 × 1800 mm）を基準格子として，住宅の平面計画を考えるときに使います．

表 2-1 畳の仕上がり寸法（JIS）（単位：mm）

|  | 長さ | 幅 | 厚さ |
|---|---|---|---|
| メートル間 | 1920 | 960 | 53 |
| 京　　　間 | 1910 | 955 | |
| 中　　　間 | 1820 | 910 | |
| 田　舎　間 | 1760 | 880 | |

**姿勢と起居様式**

住まいの中での生活行動は，①立位姿勢（立っている）②椅座位姿勢（腰掛けている）③平座位姿勢（座っている）④臥位姿勢（寝ている）という4つの姿勢に分けられます．

住生活や住み方の慣習の行動形式などを住様式といい，住様式を床と姿勢との関わり方で見たものを起居様式といいます．畳や床の上に直接座ったり寝たりする平座位姿勢での生活を床座，いすやベッドを使用する椅座位姿勢での生活をいす座といいます．床座は，転用性のあることが特徴で，食事ならちゃぶ台を出す，寝るなら布団を敷くなど必要な家具を部屋に広げることでさまざまな生活行為を1室で行うことができます．それに対していす座の場合は，部屋の用途にあわせた家具を配置しますので，広い空間が必要になるうえに，部屋の用途は固定されます．各部屋を計画するときには，どちらの起居様式をとるか考える必要があります．

**人と人との距離とかたち**

生活空間を考えるときには，人の行動特性を考慮しなければ使いにくい住まいになってしまいます．

例えば，パーソナルスペースといって，「他人が侵すことのできない，各人の身体を取り囲む見えない空間領域」があります．また，家具の配置を互いが向き合ったようにするとコミュ

ニケーションを取りやすいですが，このようなかたちをソシオペタル（対面型）といいます．逆に背中合わせや互いの距離を離すと，プライバシーの確保が容易になります．これをソシオフーガル（離反型）といいます．

　人が集まる部屋では，人と人との距離やかたちへの配慮が欠かせません．

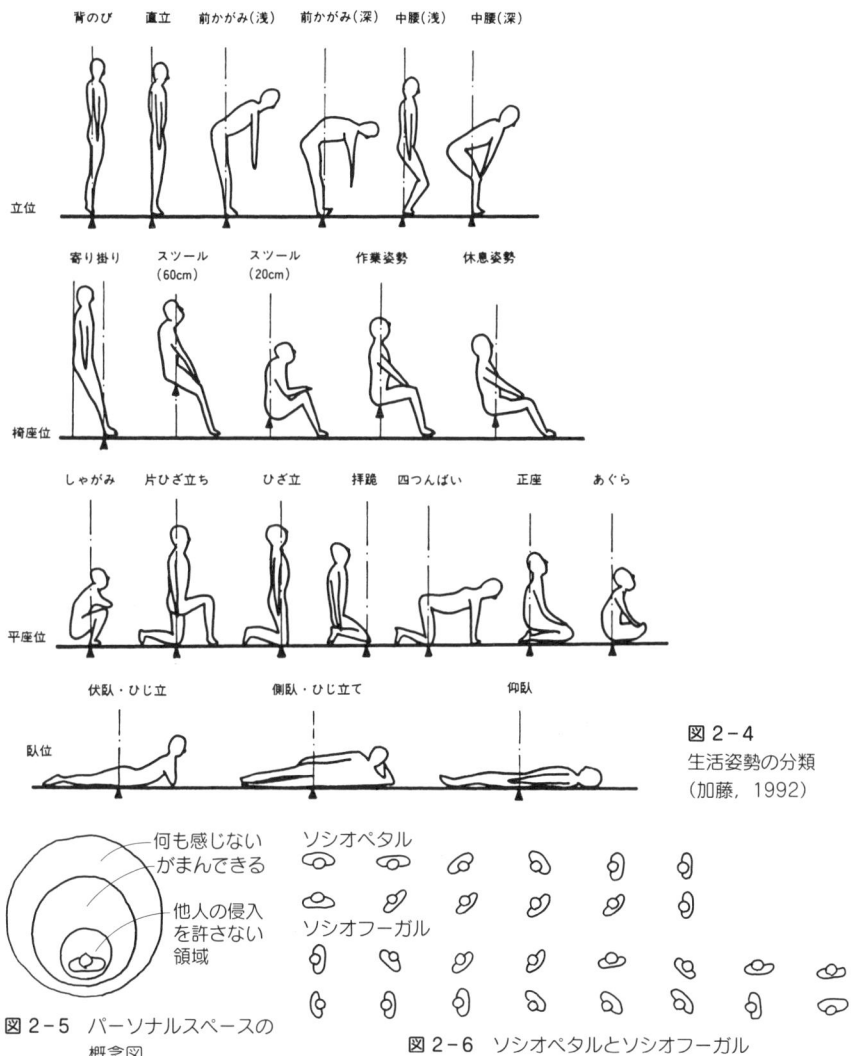

図2-4　生活姿勢の分類（加藤，1992）

図2-5　パーソナルスペースの概念図

図2-6　ソシオペタルとソシオフーガル

## 2.3 各部屋の基本寸法

**リビングルーム**　リビングルームの計画では，その部屋が家族のだんらんのみに使われるのか，接客中心なのか，兼用なのかを明確にしなければなりません．住まいの中心になる部屋ですから，出入り口が多くなりがちですが，数やその配置を良く考えて，リビングルーム自体が通路となってしまわないように注意します．

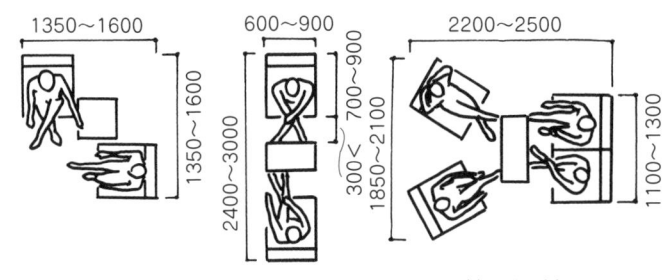

図2-7
リビングの家具配置と寸法

**ダイニングルーム**　ダイニングルームは，食卓を中心に，食事だけでなく家族のだんらんや気の張らない接客をしたり，子供たちが宿題をしたり，さらにはアイロンかけなどの家事の場として，1日の多くの時間を過ごす部屋ではないでしょうか．

　配置は，第一にキッチンとの動線が短くなるように，またリビングルームを別に設ける場合はそのつながりも良く考えて計画します．ダイニングルーム，リビングルーム，キッチンの空間的な組合せとしては，それぞれ独立したタイプ，キッチンが独立したタイプ，キッチンとダイニングが1室になっているタイプ，すべてが1室になるリビングキッチンなどがあります．

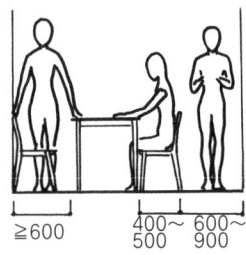

図2-8　食事と人体寸法

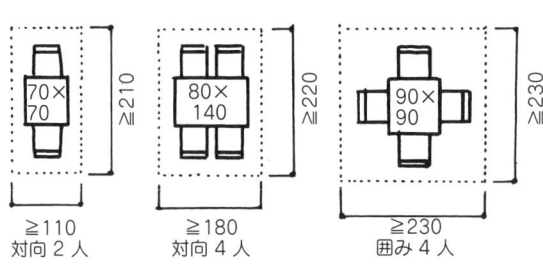

図2-9　食卓の席数と必要スペース

## 2. 広さとかたち

**キッチン**

キッチンは，作業者の働きやすい設備配置を考えなければなりません．設備配置には，U字型，直列型，L字型，並列型，アイランド型などがあります．どのような配置にするかは，調理する人の人数や，リビングルーム，ダイニングルームとのつながり方，またそれぞれの家庭の食事観・調理観により計画します．

シンク，加熱機器，冷蔵庫の3点を結んだものをキッチントライアングルといいますが，この距離が長くなりすぎると作業能率が悪くなります．距離や動線をよく検討します．

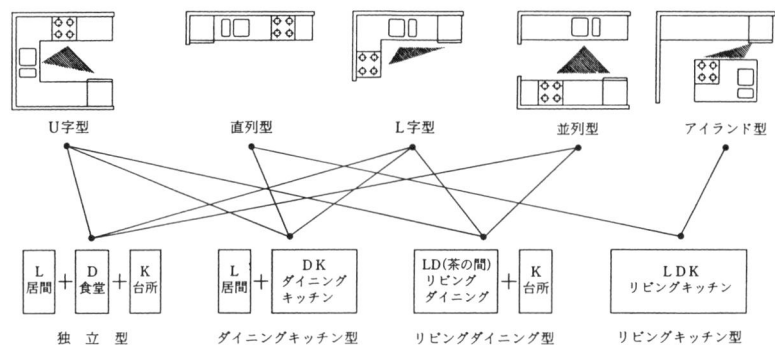

**図2-10** キッチンの設備配置とL・Dとの関係（住まい15章研究会編，1992）

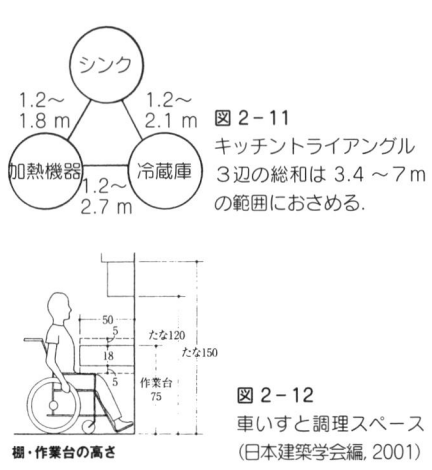

**図2-11** キッチントライアングル
3辺の総和は 3.4〜7m の範囲におさめる．

**図2-12** 車いすと調理スペース（日本建築学会編，2001）

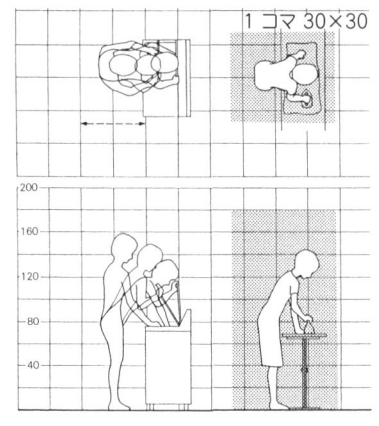

**図2-13** 洗たく，アイロンかけの動作寸法（日本建築学会編，1980）

[インテリアの計画]

**ユーティリティ**　　家事作業を集中的に行うためにユーティリティ（家事室）を設ける場合には，洗濯物の仕上げ（アイロンかけ）までの行程がそこで行えるように計画します．

**寝室**　　寝室は，就寝のための空間ですから，落ち着いて休めるようにすることと，朝気持ちよく１日を始めることができるように計画する必要があります．

　寝室に必要なスペースは，そこでの起居様式により変わってきますが，ベッドメーキングあるいはふとんの上げ下ろし，通路といった就寝以外の動作に必要な空間を忘れてはなりません．また，たんすやドレッサーといった家具を持ち込むのであれば，それらを置くためのスペースはもちろん，その家具の機能寸法も加える必要があります．

　和室には，ふとんを収納するための押入れが必要です．

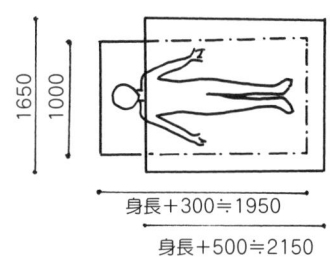

図2-14　ふとんの寸法

表2-2　ベッドの寸法

| タイプ | 幅 | 長さ |
|---|---|---|
| ツイン(シングル) | 900～960 | 1950～2030 |
| セミダブル | 1200～1350 | |
| ダブル | 1380～1530 | |
| クイーンサイズ | 1680 | |
| キングサイズ | 1980 | |

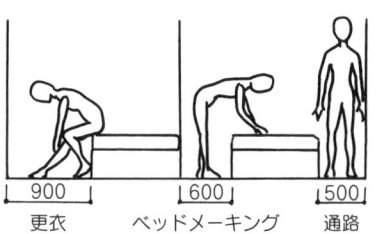

図2-15　ベッド周囲のあき

**子供室**　　子供室は，子供の成長に伴い必要になり，独立後にはほかの用途に使用することになる空間ですから，子どもの人数にあわせて小さな部屋をたくさん計画するより，大きな空間を準備し，年齢や発達段階にあわせて，家具や間仕切りの変化で対応できるように考えるとよいでしょう．

## サニタリー空間

入浴することには，単に汚れを落とすという目的だけでなく，疲れを取る，気分転換を図るといった目的もあります．このような日本人独特の入浴観から，たっぷりの湯に肩までゆったりつかるという入浴様式が生まれました．住宅の洋風化が進む中で，洋式の浴槽の中で身体を洗うという入浴様式は，日本人の入浴観とはなじまないものがあります．たっぷりの清潔な湯につかるためには，洗い場のある従来の和式の浴室が良いということになります．

トイレは，近頃は洋式の方が一般的になってきています．動作の容易さや，男女兼用でスペースを節約できるといった利点があります．出入り口が開き戸の場合は，トイレ内での行動のしやすさや万一の転倒事故への配慮として，外開きとします．

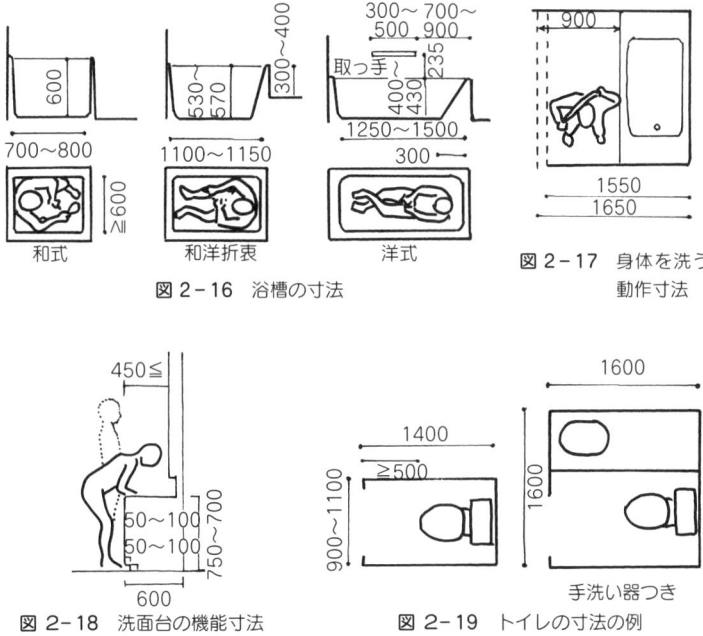

図 2-16 浴槽の寸法
図 2-17 身体を洗う動作寸法
図 2-18 洗面台の機能寸法
図 2-19 トイレの寸法の例

**玄関・廊下・階段**

住様式の中で，履物と床の関係についてのものを履床様式といいます．日本の履床様式は，玄関で靴を脱いで家に上がる，上足と下足の区別をつけるというものです．そこで，玄関には靴を脱ぎ履きするための十分なスペースが必要になります．またコートの着脱や靴・かさなどの収納スペースが必要です．

廊下の幅は車いすの使用を想定して，広く計画するのが最近の傾向です．

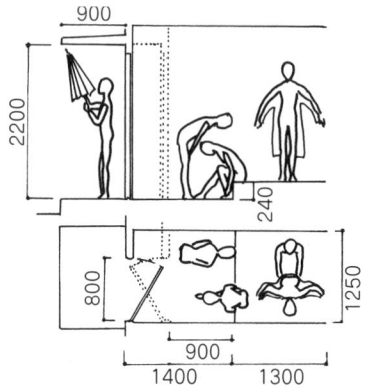

図 2-20　洋風玄関の動作寸法
　　　　　点線は外開きの場合．

［インテリアの計画］

# 3

# 家 具 と 収 納

インテリアの要素として，家具が果たす役割は大きいものです．私たちの日常生活において，行動や動作と深く結びついて，なくてはならないものとなっています．能率的に作業を行うこと，ゆったりと休息が取れること，いずれも家具が機能的にすぐれた寸法になっていることが大切です．さらに私たちのライフスタイルにあったデザインであることも忘れてはなりません．

## 3.1 家具と人間工学

**家具の分類**　家具を機能の面から分類すると，アーゴノミー（人体）系家具，セミアーゴノミー（準人体）系家具，シェルター（建物）系家具の3つに分けられます．アーゴノミー系家具はいすやベッドなど人体を直接支える機能を果たすもの，セミアーゴノミー系家具は机や調理台などものを載せて人が作業をするためのもの，シェルター系家具は収納や遮断する棚・ついたてなどです．

表3-1　家具の分類

| 家具の分類 | 機能 | 人とものの かかわり方 | 具体例 |
|---|---|---|---|
| 人体系家具 （アーゴノミー系家具） | 人のからだを支持する機能 | 人 | いす，ベッド類 |
| 準人体系家具 （セミアーゴノミー系家具） | ものを載せて人が作業をする | | 机，テーブル，調理台 |
| 建物系家具 （シェルター系家具） | ものを収納したり空間を仕切る機能 | もの | 戸棚，たんす，棚，ついたて |

**いすと机の機能寸法**　家具の寸法は，人間工学的に設計されています．

例えば，身長にあったいすの寸法は，坐骨結節点を座位基準点と呼び，それをもとに座面高や座面奥行，幅，背もたれ点（事務用いすの上体を支持する圧力の中心点）を決めます．

作業性の高いいすほど，座面高は高く，座面角度は水平に近く，座面と背もたれの角度は小さく，支持面の広さは小さくなります．休息用のいすでは，休息の度合が増すほど座面と背もたれの角度が大きくなります．

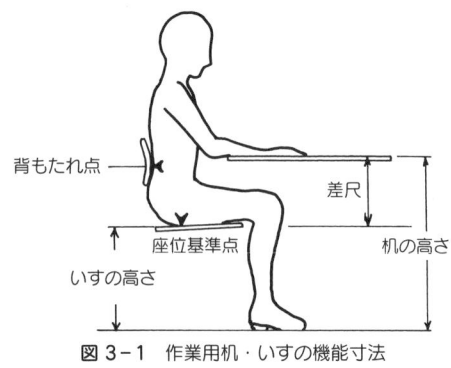

図3-1　作業用机・いすの機能寸法

机の高さは，差尺（座位基準点から甲板上面までの高さ）をもとにして決めます．差尺は，ひじの高さが基準となっており，だいたい座高の 3 分の 1 に相当します．作業内容によって差尺寸法は調整し，「いすの高さ＋差尺」で机の高さを決めます．

**適切な収納**

収納空間はたくさんあれば良いものではなく，収納するものの種類や数・大きさ，使用頻度などをよく把握して，計画を立てる必要があります．収納空間の寸法を決めるときには，収納するものの大きさ，特に奥行寸法が重要です．奥行が深すぎると，奥に入れたものの出し入れがしにくく，死蔵（使わないまま長期間収納していること）することになってしまいます．

収納する位置としては，よく使うものほど楽に手の届く範囲に収納することが大切です．また，収納するものの使用頻度と大きさ，重さなどから収納空間を計画します．

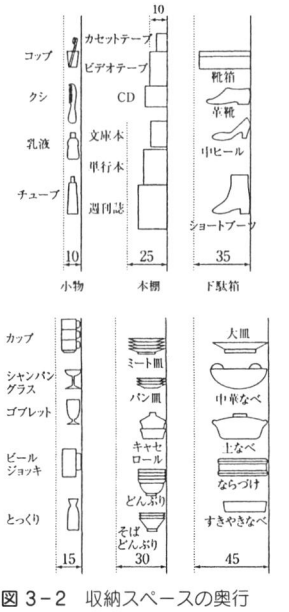

図 3-2 収納スペースの奥行
（日本建築学会編，2001）

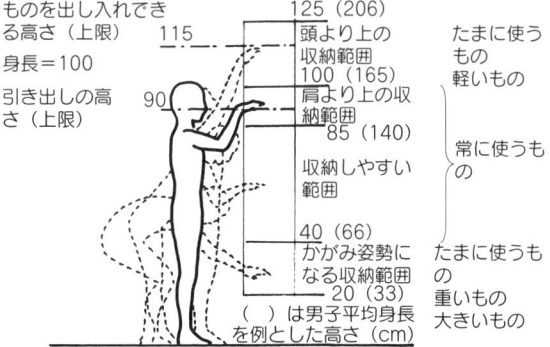

図 3-3 収納の作業域と収納品の関係

## 3.2 家具の構造

**いすの構造と名称**　　一般的ないすの構造は，座面，前脚，後脚，前台輪，脚貫，側（妻）台輪，後台輪，背貫，肘，笠木，背枠，小立，幕板，脚つなぎ，力布，背根太から成り立っています．

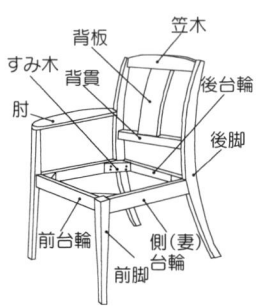

図3-4　いすの構造と名称

**テーブル・机の構造**　　テーブルには，折りたたみや伸長式などの機能をつけ加えたものもありますが，基本的なものは甲板（天板），脚，幕板からなっています．

　机の基本的な構造は，甲板，袖（引き出しを内蔵），幕板，脚部から成り立っています．

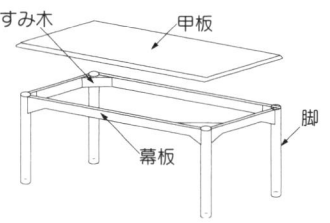

図3-5　テーブルの構造と名称

**収納家具の構造**　　収納家具は，扉，引き出しなどを組み込んだ箱状の部分と，それを支える台輪から成り立っています．また箱状の部分は，左右の側板と上下の天板，背板で構成されます．構成方法としては，パネル構成，框組構成，柱組構成があります．

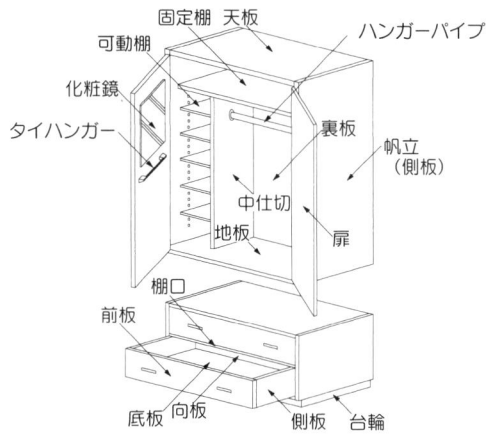

図 3-6 収納家具の構造と名称

**木製家具の接合方法**　家具の接合方法としては，継ぎ手（部材の長さ方向に継ぐ方法）や仕口（2つの部材を直角に接合する方法）という伝統的な手法と，ボルトやナットなどの金具を用いる方法があります．いずれの方法も，各部材を単につなげるという役割だけでなく，ものの収納や荷重に耐える強度を保つという役割も持っています．

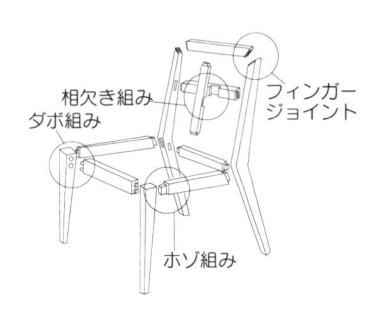

図 3-7 いすの接合方法の例

## 3.3　家具の歴史

**西洋古代**　　古代の遺物に見られるように，いすやテーブル，ベッドなど生活に必要な基本的な家具は，この時代にすでにつくられていました．装飾よりも機能的な形と美しさが重視された簡素なものでした．

**西洋中世**　　12世紀後半，パリのノートルダム寺院を代表とする，垂直線を強調しオーナメントを駆使した力強いフォルムが特徴のゴシックと呼ばれる様式が，フランスからヨーロッパ全体へと広まりました．オーク材でつくられた箱型でハイバックのいすには，建築に用いられた尖頭アーチ，切妻の破風などが装飾としてつけられました．

**西洋近世**　　15世紀初期にはイタリアで文芸復興運動が起こり，家具の形にもそれがあらわれ，種類は多様になりました．ルネッサンス様式と呼ばれ，サボナローラ・チェアと呼ばれるいすに代表されるように，曲線や凝った装飾が使われるようになります．

　　17世紀，ルイ14世の時代には，ヴェルサイユ宮殿に代表されるバロック様式が広まります．コモド（箪笥）・キャノピー（天蓋）付ベッドなど，豪華なインテリアがつくり出されました．イギリスではこれが，ジャコビアン様式として発展しました．

　　続くルイ15世の時代には，優雅で女性的なスタイルを持つロココ様式に変わります．カブリオールレッグに見られるような曲線的なデザインが特徴で，ロカイユや植物文様が多用されるようになります．イギリスでは，クイーン・アン様式として発展し，家具の水準は世界的なものとなります．

**西洋近代**　　18世紀後半，ルイ16世の時代には，古典古代のモチーフが再認識され，ネオ・クラシシズムと呼ばれる端正ですっきりした直線的なデザインが好まれるようになりました．古代ギリシャ時代の再現を図ったリージェンシー様式，ローマ時代の再現を図ったアンピール様式などです．

また，すぐれた家具製作家が登場し，実用的な家具を市民社会に普及させました．それらの家具は，彼らの名をとってチッペンデール様式・アダム様式・ヘップルホワイト様式・シェラトン様式などと呼ばれました．

19世紀後半から，イギリスではモリスを中心とするアーツ・アンド・クラフツ運動が起こりました．その影響を受け，フランスでは流動感のある植物の曲線を家具の構成に使ったアールヌーボー様式が流行します．

図3-8 さまざまなスタイルのいす（1）（図解住居学編集委員会編，2000）

**西洋 20 世紀**

ドイツでグロピウスがバウハウスを開校し，現代デザインの源流となりました．

北欧では，木肌の美しさを活かした家具が生産されていましたが，スウェーデンを中心にモダンスタイルの家具がデザインされるようになりました．北欧家具の代表的なデザイナーには，クラフツマンとしての訓練を受けて成功したハンス・ウェ

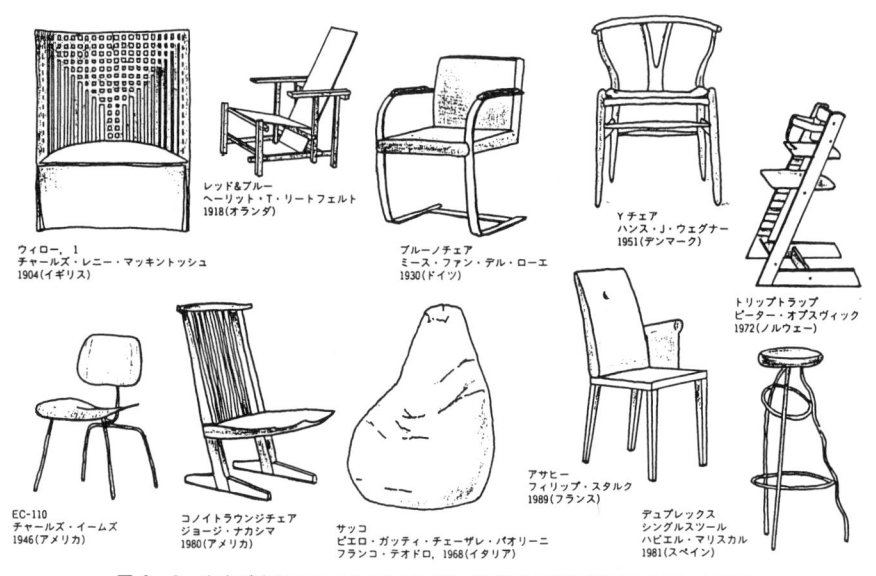

図 3-9　さまざまなスタイルのいす（2）（図解住居学編集委員会編，2000）

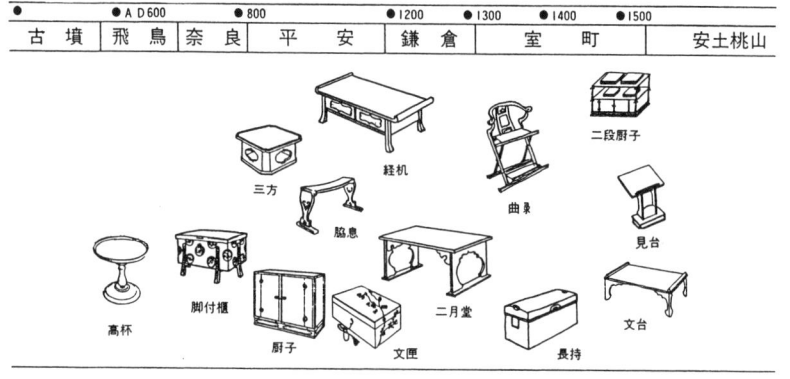

図 3-10　和家具の変化と流れ

グナー，規格家具を生み出したデンマークのアーレ・クリントやフィンランドの成形合板のいすを量産したアルヴァール・アールトなどがあげられ，機能性を重視した美しい家具が生産されるようになりました．

**日本の家具**

和家具とは，伝統的な形式を持つ日本の家具の総称で，明治以降に西洋家具が次第に多くなってきたので，それらと区別するために普及した言葉です．主要なものにたんす，鏡台，茶棚，座卓，座いす，衣桁(いこう)，屏風(びょうぶ)などがあります．

和家具は，平安時代に住宅様式として寝殿造が確立した頃に，基本的なものがそろったと考えられています．当初は，宮廷，寺社，武家や豪商などの限られた階層の人々が使用していました．一般庶民に普及するようになったのは江戸時代に入ってからのことです．各地の気候風土やそこに住む人々の生活習慣を反映したものがつくられるようになりました．例えば，桐や杉に漆(うるし)塗りの京都などの塗りたんす，関東では桐や杉の白木仕上げのたんす，欅(けやき)などに拭き漆で木目の美しさを賞用したたんすなどです．そして，明治時代末頃から和家具は量産されるようになりました．さまざまな木材を使用し，その木肌の美しさを活かす加工技術を向上させ，大正時代から昭和初期にかけて最盛期を迎えます．全国各地に家具産地が誕生し，特徴のある和家具が生産されるようになりました．

けれども，生活の洋風化に伴い洋家具志向が強まり，和家具

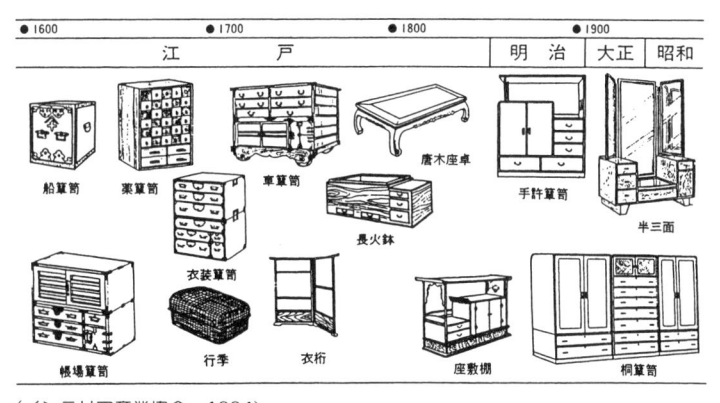

（インテリア産業協会，1994）

の生産量は急速に減少しました．現在では，インテリアの1要素として位置づけられ，ライフスタイルにあわせて選択されるようになっています．

[インテリアの計画]

# 4

# インテリアの設備

現代は，設備技術の進歩により，機能的に非常にすぐれた設備が普及しています．都市設備（生活に必要な水，電気，ガス，情報など）を建物の中に取り込み，それらを使用するための設備，室内環境を快適にする設備，家事作業のための設備，衛生のための設備など，さまざまなものがあります．

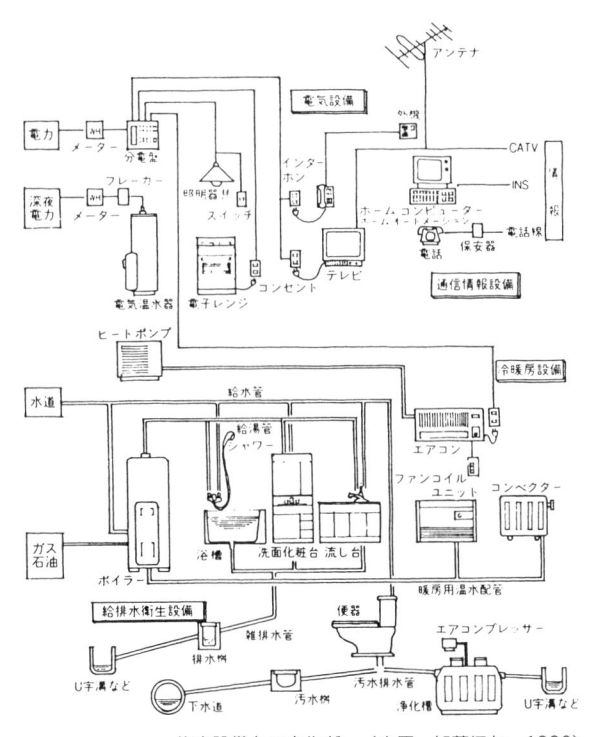

住宅設備とエネルギー（小原・加藤ほか，1986）

[インテリアの計画]

## 4.1　これからのインテリアの設備

**使う人に優しい設備**　これからのインテリアの設備は，誰がどういう状況で使ったとしても，安全・快適で，使いやすいことが必要です．改造をしなくてもすべての人々に使いやすいように，最初から設計することを「ユニバーサルデザイン」といい，これからのデザインの基本となる概念です．設備においても表示が見えやすい，操作がしやすい，安全である，維持管理が容易である，使い慣れているなど，さまざまな面からの配慮が求められています．

> 例えば，ドアの開閉がしやすいように，取っ手を変更すると使える人が増える．

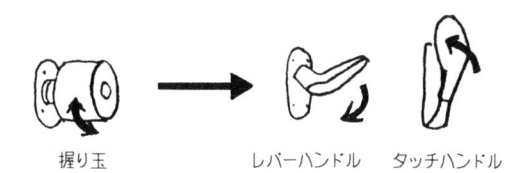

握り玉　　　レバーハンドル　　タッチハンドル

図4-1　使いやすい取っ手

**環境に優しい設備**　設備を動かすエネルギー源には，石油，ガス，電気があります．資源として枯渇し，空気を汚染する石油，ガスに比べると，電気はコスト面では劣りますが，住宅内での空気汚染を発生させることがなく，安全性も高いエネルギー源です．

　発電に際して，二酸化炭素の発生がなく，無限に供給できる自然エネルギーを利用すれば，最も地球環境に優しい状況をつくりだせ，各家庭にとっての省エネ効果も大きくなります．その代表が太陽光を利用した住宅用太陽光発電システムです．

> 環境に優しい住宅の普及のために，通産省・建設省告示「次世代住宅省エネ基準」(1999年3月改正)がある．罰則規定はないが，住宅金融公庫（新築）の環境住宅割増融資を受けることができる．

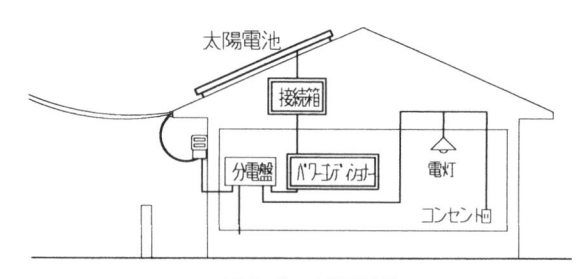

図4-2　太陽光発電

## 4.2 電気・ガス・水道

**電気の話**　　住宅で使用する電気の量は年々増えつづけています．標準電圧 100V の交流（単相二線方式）が一般的でしたが，100V と 200V の両方に対応させる方法（単相三線方式）が主流になっています．電気は図 4-3 のように屋内に引き込まれます．分電盤にはブレーカーと漏電遮断器が取りつけられており，回路は電灯用，コンセント用，冷蔵庫などの大型機器専用のものなど，住宅の規模にあわせて，複数に分けられます．

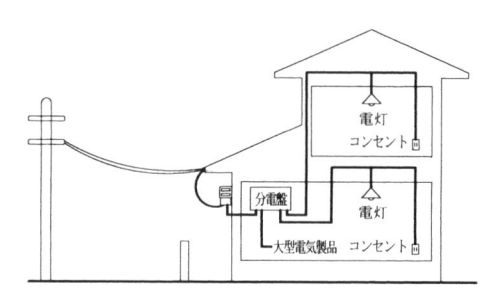

図 4-3　電気の屋内配線

**コンセントとスイッチ**　　コンセントは電気機器の種類や量により，必要個数が異なりますが，近年は電気機器が増えているため，多めに設置することが望まれます．照明用スイッチの取りつけ位置は，普通の居室では室内側の出入口付近取っ手側，トイレ，浴室などでは室外側の出入口付近取っ手側に設けます．階段，廊下などは 2 ヶ所から点滅できる 3 路スイッチを使うと利便性が高くなります．

**ガスの種類**　　ガスには都市ガスとプロパンガスがあり，それぞれに対応した器具を使用する必要があります．一般的に住宅では浴室やキッチンの給湯器，レンジやオーブン，暖房などで多く利用されています．「ガス事業法」により，ガス機器にはガス漏れ警報器の設置が義務づけられており，近年は安全確認機能が強化され，マイコンが組み込まれたガスメーターなどがあります．

**水道の話**

　一般住宅の1人当たり1日の使用水量は150〜300ℓ程度といわれており，飲料水，入浴，洗面，洗濯，炊事，掃除など多岐にわたって使用します．安定した給水のためには，必要な給水量，適当な水圧，十分な水質の確保が必要です．

　給水方式は，一般の戸建住宅のほとんどが「水道直結方式」です．これは，水道本管から直接に給水管，量水器を経て水栓や器具につなげる方式で，水道本管の水圧を利用します．集合住宅などでは「高架タンク方式」や「圧力タンク方式」「ポンプランニング方式」などが採用され，受水槽と水を水栓まで運ぶためのポンプが設備されます．給湯設備にはガス瞬間湯沸器が最も普及していますが，最近は，安全性が高く，クリーンな電気温水器がよく使われます．

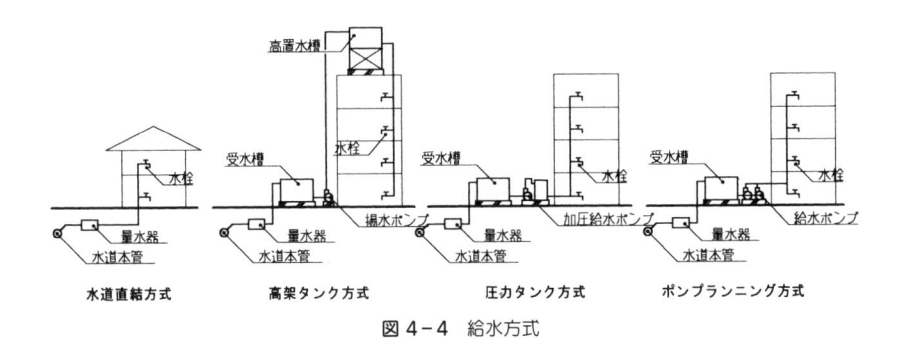

図4-4　給水方式

**節水対策用器具**

　都市では水不足が深刻になっており，節水が重要になってきています．使用者が節水意識を持つことが大切ですが，設備面でも円錐型パッキンのついた節水コマや洗浄時間が短い節水型便器，一時止水型水栓金具など節水対策用器具が工夫されています．

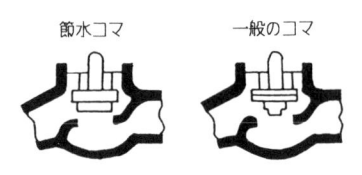

図4-5　節水対策用器具

## 4. インテリアの設備

**排水トラップ**

> **破封**
> 常時保持されているはずの封水が各種の原因で失われる現象.

排水には汚水, 雑排水, 雨水排水などがあります. 排水管内の流れをスムーズにするために, 排水管の管径に応じた適切な勾配をつけ, 通気管を設けます. 臭気対策とねずみや害虫の外からの侵入を防ぐために, 管には排水トラップをつけます. このとき, 封水深は 5cm 以上 10cm 以下とし, 排水時のトラップ破封に気をつける必要があります.

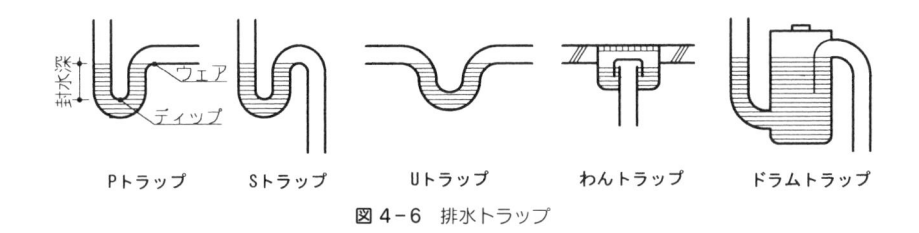

Pトラップ　　Sトラップ　　Uトラップ　　わんトラップ　　ドラムトラップ

図 4-6　排水トラップ

**トイレの便器**

便器には, 和式と洋式の大便器, 小便器などがありますが, 現代住宅では, 洋式大便器を小便器兼用として設けることがほとんどです. 最近は, 暖房便座や温水洗浄機能, 温風乾燥機能, 脱臭機能などの備わった便器が急速に広まっています. タンク方式はロータンク方式とフラッシュバルブ方式があり, 一般住宅の多くはロータンク式です. 洗浄方式も図 4-7 のようにさまざまです. 高齢者対応には, トイレ内に暖房や補助手すりを用意する必要があります.

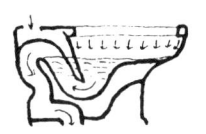

和式　洗出し式　　　洋式　サイホン洗落し式　　　洋式　サイホンゼット式

図 4-7　便器と洗浄方式

## 4.3 換気設備

**室内空気の汚染**

人はいるだけで汚染物質を放散し，住居内で行うさまざまな生活行為は，臭気・熱・湿気・塵埃・有害ガスなどの汚染物質を発生させます．さらに建材，塗料，家具などからも，ホルムアルデヒドや VOC（volatile organic compound，揮発性有機化合物の総称）が発生しています．健康的な室内環境を保つためには，第一に汚染物質の発生を抑え，同時に換気によってこれらを除去し，新鮮な外気と入れ替えることが必要です．外気の汚染度がひどい地域では，空気清浄機の使用も考えられます．

> **局所換気**
> 発生源で換気をする方法．開放型燃焼器具を使用するキッチンや湿気を発生させるサニタリーでは局所換気を用いる．

表 4-1 室内空気汚染の許容値表

|  | 基　準 |
|---|---|
| 浮遊粉塵 | 0.15 mg/m³ 以下 |
| 一酸化炭素 | 10 ppm 以下 |
| 二酸化炭素 | 1000 ppm 以下 |

**自然換気と機械換気**

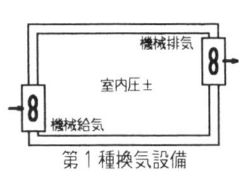

自然換気は，気圧差による風力や温度差による浮力を利用します．給気口を風上側の床近くに，排気口を風下側の天井近くに分けて設けると効率的に換気できます．機械換気は給気，排気ともに送風機を用いる第1種換気設備，給気のみ送風機を用いる第2種換気設備，排気のみ送風機を用いる第3種換気設備があり，使用用途に応じて使い分けます．一般住宅の居間など人が集まる部屋の場合は，通常は2方向に大きな開口部をとって自然換気をし，必要に応じて換気扇を利用します．

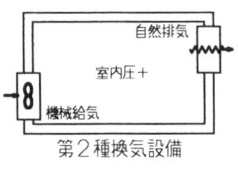

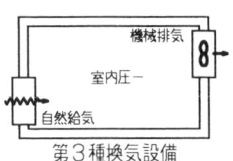

図 4-8 機械換気

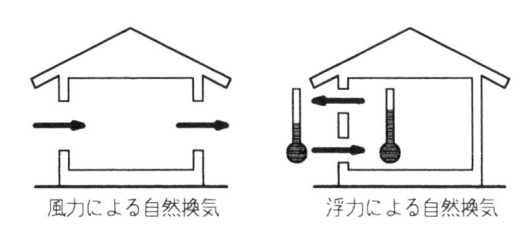

図 4-9 自然換気

## 4. インテリアの設備

**伝統的な日本家屋**

室内を快適にするためには，器である建物と，そこに配置される設備の両方をうまく利用して，室内環境をコントロールします．伝統的な日本家屋では，大きな南面の開口部，庇（ひさし），縁側（えんがわ）を設けることで，夏には日射を防ぎ，風を通します．一方，冬には低い位置から差し込む日射を取り入れます．これは自然力を排除するだけでなく，自然力を受け入れる開放的な建築的手法です．

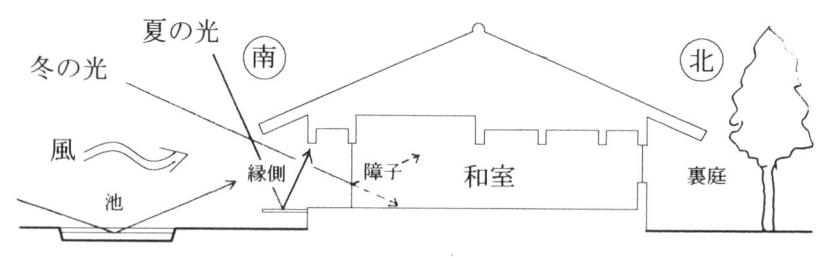

図 4-10　伝統的日本家屋の環境コントロール

**高気密・高断熱住宅**

> **室内環境コントロール**
> 構造や間取りなど建物を利用する方法を建築的手法（パッシブ手法），人工的な機械を利用する方法を設備的手法（アクティブ手法）という．

設備技術の発達，普及により，現代住宅は機械によって室内環境を自由にコントロールできるようになり，その冷暖房設備の効率を高めるために，高気密・高断熱化しています．これは，自然力を遮断した閉鎖的な建築的手法です．室温は安定しますが，自然換気が生じにくいため，空気汚染，湿気，カビ，ダニなどの問題が起こりやすくなります．このため，計画的に24時間の機械換気を行う方式を採用する例が増えてきています．冷暖房時の効率を考えて，熱交換型機器を用いるのが理想的です．

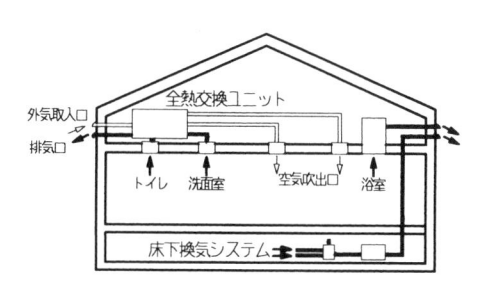

図 4-11　高気密・高断熱住宅の環境コントロール（24時間換気）

## 4.4 冷暖房設備

**快適温湿度と冷暖房**

室内の快適温湿度は個人差があり，作業量や着衣量によっても異なりますが，おおよそ表4-2の通りです．高齢者は一般よりも快適な温度が2〜3℃高くなります．外気温との温度差は5℃以内にすると身体に負担がかかりません．高齢になると，変化への身体適応能力が衰えるため，部屋間の温度差はできるだけ少なくし，居室だけでなく，建物全体を冷暖房するのが理想的です．冷暖房効率のよい高断熱住宅では，住宅内の温度分布が均一化し，季節に関係なく24時間適正な温度を維持することができます．

表4-2 室内の快適温湿度

|  | 夏 | 冬 |
|---|---|---|
| 温度 | 22.0〜26.0 ℃ | 18.0〜22.0 ℃ |
| 相対湿度 | 50〜60 % | 40〜50 % |
| 気流速度 | 0.5 m/s 以下 | 0.5 m/s 以下 |

**中央式と個別式**

熱源機器を1ヶ所に集中させ，空気や水を媒介として熱を各部屋へ運ぶ中央式と，各部屋で個別にエアコン，ファンヒーターなどの冷暖房機器を置く個別式があります．従来の個別式暖房器具は，空気汚染を起こす開放型燃焼器具が多かったのですが，最近は室内空気を汚さないものが普及しています．

**屋内ユニットの設置**

暖気は上昇し，冷気は下降します．このことから，屋内ユニットは，暖房では床に近いところ，冷房では天井に近いところに設置すると，部屋の中の温度分布が均一になり快適となります．また，暖房では外壁側の窓下に設置することでコールドドラフトによる不快感を防ぐことができます．屋内ユニットには露出型と隠蔽型がありますが，機能性のみでなく，部屋全体の色彩やデザインにあわせた設備機器の選択と配置が必要です．

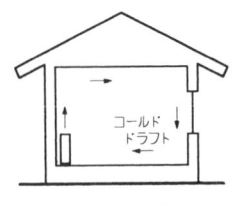

図4-12 悪い設置例

## 4. インテリアの設備

**対流型と輻射型**　輻射型暖房には床暖房やパネルラジエーターがあり，特に，床暖房は足元から温まるため，空気調節が効きにくい吹き抜け空間にも適しています．高齢者に対しては，低温やけどなどが起こらないように注意します．輻射型冷房には天井にパイプを敷設して冷房する天井冷房があります．

対流型では，天井にサーキュレーターを設けて，暖気を下方に還流させたり，空気の流れをさえぎらない家具配置とするなどの配慮が必要です．高齢者に対しては，風が一定方向から直接あたらないよう注意する必要があります．

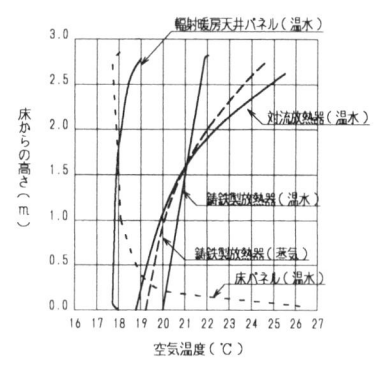

図 4-13　対流型と輻射型の垂直温度分布図（空気調和・衛生工学会編（1993）より作図）

**ソーラーシステム**　ソーラーシステムには，特別な機械を使わず，建物自体の性能により制御するパッシブソーラーと，集熱装置，蓄熱装置，ヒートポンプなど機械を補助的に使用することで効率を高めるアクティブソーラーがあります．

> **ソーラーシステム**
> 太陽熱を集熱，蓄熱して利用する環境に配慮した冷暖房システム．

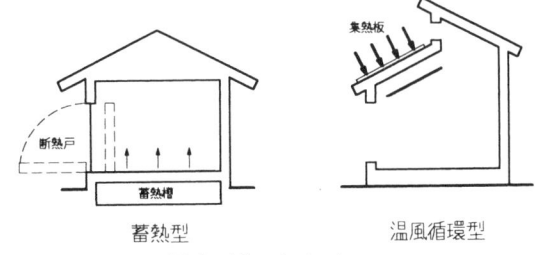

図 4-14　パッシブソーラー

## TOPICS

### ♣ IT 時代のホームオートメーション

　ホームオートメーションとは，さまざまな設備や機器を結びつけて，IC とセンサーにより自動制御を行うものです．ガス漏れ点検が自動でできたり，自動的に雨戸が開閉できたり，異常を早期に発見するなど，便利さや安全性を高めることができます．IT 時代には，個々の家電製品や設備が小型コンピュータを内蔵し，ネットワークでつながるようになります．高速通信網の整備とインターネットの爆発的普及により，外部からの情報と住宅内の設備が結ばれるようになり，外部から機器を操作することも可能です．例えば，電子レンジはインターネット上のレシピ情報を受信し，自動的に調理方法を設定したりします．外出先から冷蔵庫内の足りない食材を確認し，インターネットを利用して，それを注文できます．ポットの残量から高齢者の安否確認をしたり，PDA やウェアラブルコンピュータ（身にまとうパソコン．腕時計型のものなどがある）と GPS を利用して，高齢者の居場所を確認することもできます．あらゆる場所に取り付けられた外部への非常通報装置は，緊急時にも安心です．電話，インターネット通信などは急速に個人化して，交際道具として長時間使用されるようになり，高齢者のコミュニケーションの場を広げる役割も果たします．

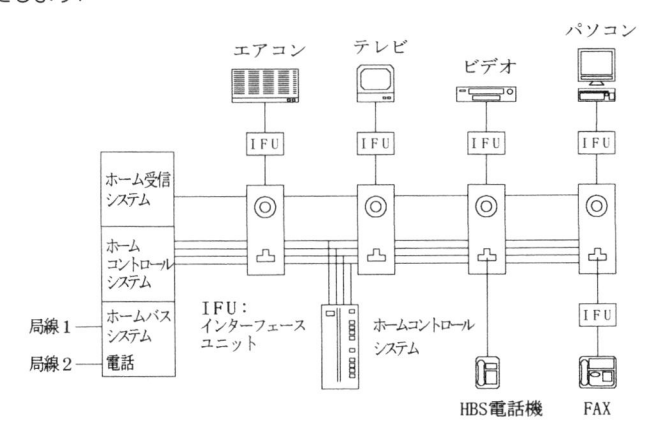

ホームオートメーションのモデル

　ただ，機械に依存する生活は，生活するための知識や技術が衰退することにつながりかねません．また，ほとんどの設備は電源が確保されていることが前提となります．停電になったとき，どう対処するのか，現代社会では考えておかなければならない大切な備えです．

[インテリアの計画]

# 5

# 間取りと住まい方

良い住まいとは，機能的にすぐれているだけでなく，気持ちよく住める住まいをいいます．暮らしていて楽しいという感情，家にいることの安心感や落ち着き，こういったものが住生活をより豊かにしてくれます．どれほどすばらしい器をつくっても，それがうまく使われて機能しなければ，良い住まいにはなりません．そこに住む人たちがいかに暮らすか，一緒に住む家族たちとどのような人間関係を築くのかといった，それぞれの住まいの生活のテーマが見えてくると，間取りは決まっていきます．間取りはその家族の住まい方をあらわす大切なものなのです．

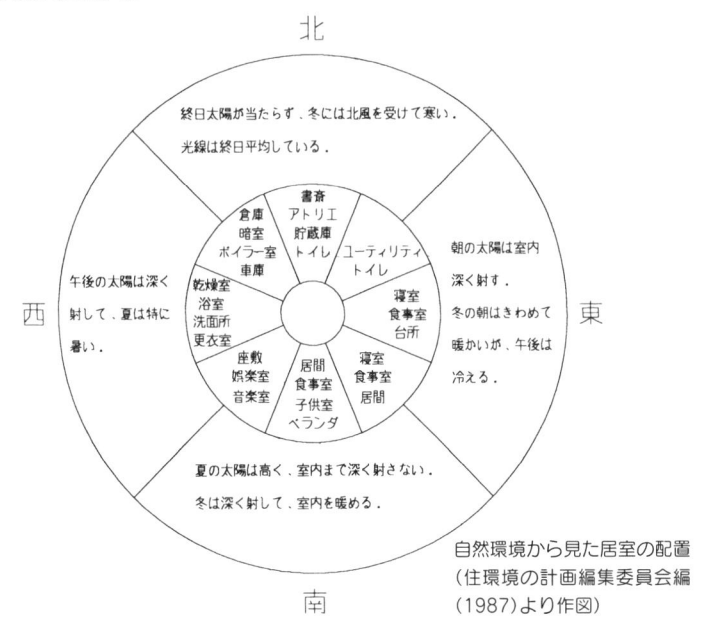

北

終日太陽が当たらず，冬には北風を受けて寒い．
光線は終日平均している．

書斎
アトリエ
貯蔵庫
トイレ

倉庫
暗室
ボイラー室
車庫

ユーティリティ
トイレ

西　　　　　　　　　　　　　　　　　　　東

午後の太陽は深く射して，夏は特に暑い．

乾燥室
浴室
洗面所
更衣室

寝室
食事室
台所

朝の太陽は室内深く射す．
冬の朝はきわめて暖かいが，午後は冷える．

座敷
娯楽室
音楽室

居間
食事室
子供室
ベランダ

寝室
食事室
居間

夏の太陽は高く，室内まで深く射さない．
冬は深く射して，室内を暖める．

南

自然環境から見た居室の配置
（住環境の計画編集委員会編
（1987）より作図）

## 5.1 間取りの近代化

**和室と洋室**

伝統的な住宅の間取りは，ふすまなどの建具を介して和室がつながっています．和室は，昼は居間として使い，夜はふとんを敷いて寝室に転用することができます．畳の上でアイロン掛けをしている横でお茶を飲み談笑するように，家事空間と居間を兼用することもできます．ふすまを閉めたり開けたりすることで，空間の大きさを変えることもできます．和室は，用途が固定されておらず，時と場合に応じて用途を使い分けることのできる融通性を持っています．庶民住宅では，和室の転用性，兼用性により，狭い空間を有効に活用してきたのです．それが，近代化の過程で，食事室，居間，寝室といった部屋ごとに，その用途にあった家具や設備が持ち込まれて，部屋の用途が固定化されるようになり，洋室へと変化していきます．

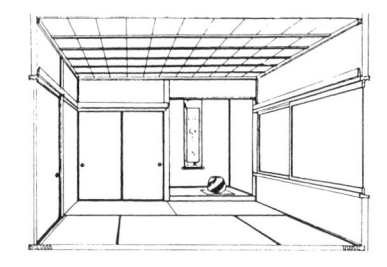

図 5-1　和室と洋室

**就寝分離**

戦前には一つの部屋に家族が集まって寝る「集中寝」や，ある年齢以上の異性どうしが同じ部屋で寝る「異性同室寝」が多くみられました．「親子間」や「ある年齢以上の異性の子供間」の就寝分離は戦後になって一般的になっていきました．

**食寝分離**

戦中・戦後の住宅不足の中で，庶民住宅は劣悪化しました．狭い庶民住宅でも最低限の生活水準を確保するため，食寝分離論が登場します．「食寝分離」は食事室を確保することで「食事」と「就寝」の生活行為を分離することを目指しました．

## 5. 間取りと住まい方

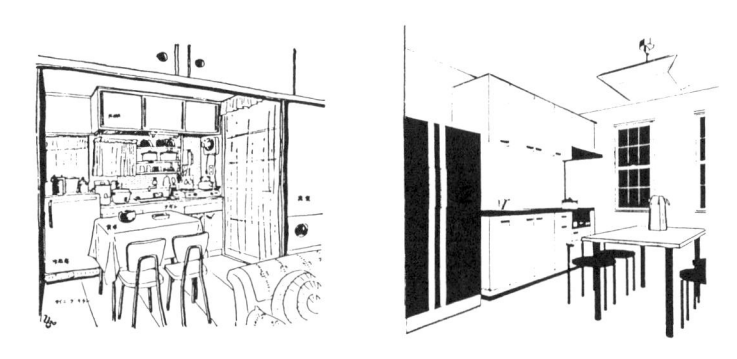

**ダイニングキッチン**

ダイニングキッチン（DK）は「食寝分離」の考え方を踏まえて登場します．限られた住戸平面の中で，食事室と台所を同室（DK）とすることで面積を節約しました．さらに，そこに食卓といすを置くことで，いす座を導入し，食事室として用途を固定化して寝室との兼用を防ぎました．

図5-2 ダイニングキッチン

**部屋の用途と配置**

| 住宅内での生活行為 |
| --- |
| 食事，就寝，団らん，接客，育児，家事，入浴，洗面，排泄など． |

各生活行為にはそれを行うための空間が必要です．この行為や空間の性格をよく理解し，個々の生活像にしたがって，空間の性格や機能の近いものをまとめて，ゾーン分けします．これをゾーニングと呼びます．空間の配置は，日当たり，風通しなどの自然環境条件や，プライバシーの程度から検討します．

また，動線を動きの量，時間帯などで分析し，発生頻度の高い動線を短くして，異なった性格の動線が交錯しないよう，空間どうしの結びつきを考えて居室配置を検討します．

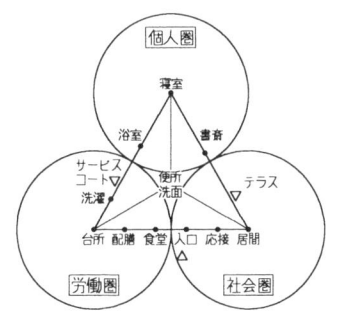

図5-3 池辺 陽の「住居の基本組織図」と各居室の位置づけ
（池辺（1954）より作図）

## 5.2　変化と間取り

　間取りには，文化，社会の状況，生活慣習，住居観などが反映されます．時代と社会の変化に伴って，これらは大きく変化し，間取りと住まい方も変化します．

**家父長的家庭観の家**　　近代化以前の住宅は，家父長的な家庭観が間取りを支配しており，家族の生活は軽視されていました．座敷や玄関などの接客空間や家長のための空間が優遇され，個人のプライバシーを守るための個室も，家族が交流するための居間も確保されていなかったのです．廊下がないため，室の独立性を保つことができず，室と室の間仕切りは壁ではなく，ふすまなどであったため，室間のプライバシーも守られませんでした．

**民主的家庭観の家**　　現代住宅では，民主的な家庭観にしたがって，家族の交流のための公室スペースと，壁とドアで区切られた個人のプライバシーを保護するための私室スペースを確保しています．それに加えて，通路部分と生活作業や衛生スペースなどをバランスよく配置します．これを公私室分離型住宅と呼んでいます．

　現代では，必要以上に個室の居心地が良くなり，まだ家族の交流を自発的に行いにくい年代の子どもが，子供室にこもりがちになる状況を生み出しています．家族の交流のための場所をいかに充実させるかが大切になっています．

> **交流のための工夫**
> 長時間いても居心地の良い居間や，個室に行くためには居間を通らないと行けないなど，自然に家族が集まりやすい工夫が大切．

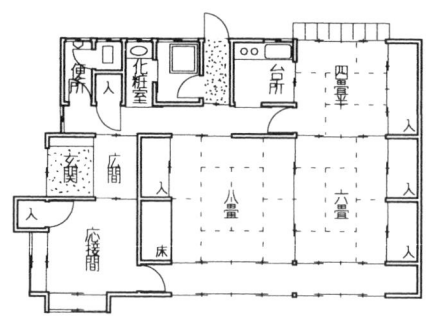

図5-4　家父長的家庭観の家

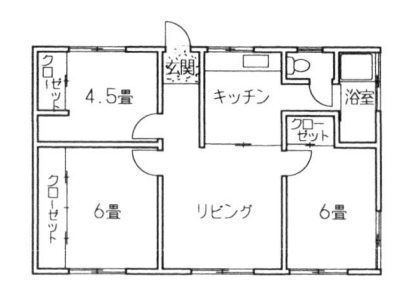

図5-5　民主的家庭観の家

**ライフスタイルの多様化**

高度情報化社会の現代ではライフスタイルが多様化し，家族一人一人の在宅時間もさまざまになっています．現代住宅に求められる機能は多様化し，一つ一つの家族のライフスタイルにあった柔軟な空間づくりが求められています．デザインや色使いも個性にあわせて豊富になってきています．

**ライフサイクルと住まい**

時間の経過とともに，家族構成や家族の年齢は変化します．この「人の一生」を節目で区分けした人生の各段階を，ライフステージといいます．そして，この各段階を一連の流れとして統合したものを，ライフサイクルといいます．各ライフステージによって，住まいに求められるものは異なってきます．住まいづくりの最初に，10年後，30年後の状況の変化に柔軟に対応できる住宅を考えておくことが大切です．

**順応型モデル**
集合住宅の不特定多数に対するプランとして提案された．平面形状と規模，水まわり部分のみが固定されており，そのほかの部分は簡易間仕切りや家具を利用して，自由に仕切り変えることができる．さまざまなライフスタイルやライフステージに対応できるモデルである．

基本型

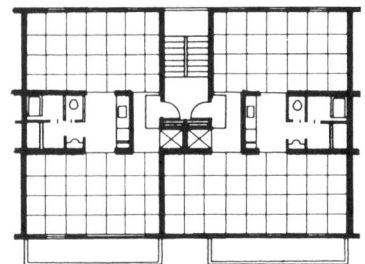

バリエーション

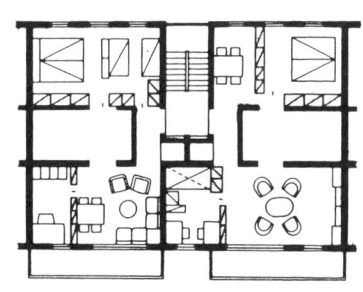

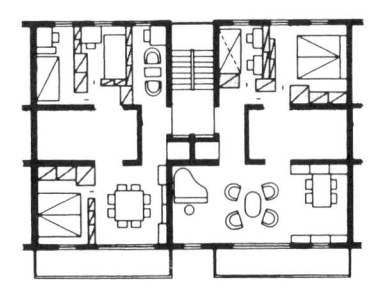

図5-6 順応型住宅のモデルプラン（鈴木成文（1968）より作図）

[インテリアの計画]

## 5.3　各部屋を考える

**リビングと接客空間**

> **デュアルリビング**
> 接客のための「フォーマルリビングルーム」と，家族の団らんのための「ファミリールーム」の二つのリビング．

現代住宅では，面積にゆとりのない場合，接客空間は特に設けず，リビングに取り込んでいます．接客重視の考え方も薄れ，くつろぎやすい床座対応の家具がリビングに据えられ，家族の交流の場としての性格が重視されてきています．最近は個人がそれぞれ違った交際範囲を持っているため，個人の客のための接客空間が必要となってきています．

**子供の部屋**

個室は個人が自分の所有物を置いたり，作業をしたりするスペースで，一人になって自由にくつろげる場所です．子供室を与える時期や与え方は，子供の自立に関連して，その家の家庭教育が反映されます．子供の年齢，人数，性別などにより共用の部屋としたり，独立させたり，子供の成長に応じた柔軟な配慮が必要です．

**夫婦の部屋**

日本人の家庭観は欧米人のような夫婦中心の考え方ではなく，親子中心の考え方が支配的です．このため夫婦寝室の設置は遅れていましたが，近年になり，夫婦がコミュニケーションを深める部屋としてのセカンドリビング的夫婦寝室や，夫，妻それぞれの個室などが設けられるようになってきています．

図5-7　コミュニケーションのとれる夫婦の部屋（Daiwa House Amenities Collection インテリア編 2001/1-2001/6）

## 5. 間取りと住まい方

**サニタリー空間**　　従来，浴室，洗面所，トイレの配置は，使い勝手や給排水設備配管の効率性，経済性を考えて，近接させて配置してきました．現在は衛生機器が発達し，明るく快適な空間へと変化しているため，2階の私室ゾーンの近くに配置することも可能です．また，ストレスの多い現代社会では，「憩い」「やすらぎ」といった心身のリフレッシュの場や，親子で一緒に風呂に入るなどの家族間のコミュニケーションの場としての充実も求められています．配置上は，寝室とサニタリー空間を結ぶプライベートな動線と，玄関と接客空間を結ぶパブリックな動線の交錯が生じないようにします．

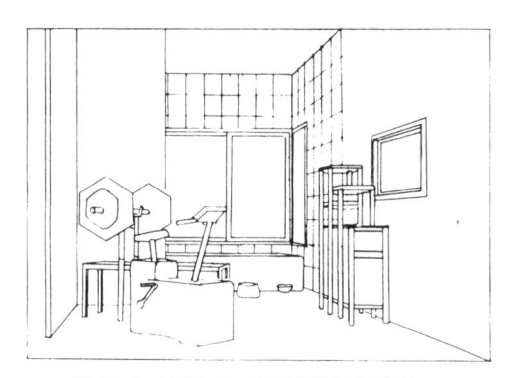

図5-8　アスレチックのできるサニタリー

**ユーティリティ**　　炊事，洗濯，掃除，育児，家庭管理などの家事作業を効率的にこなすために，1ヶ所にまとめたものをユーティリティルームといいます．従来は浴室付近が多かった洗濯機も，最近は台所近くに配置されることも多くなっています．

**玄関，廊下，階段**　　限られた住宅面積の中では，一般的に居室面積の確保を優先するため，玄関，廊下，階段などの通路空間は，その動線距離ができるだけ短くなるように計画します．ただ，落ち着きがなくなったり，プライバシーの侵害とならないように注意する必要があります．

## 5.4 高齢者とともに住む

**高齢者の同居率**

65歳以上の高齢者のいる世帯は，全世帯の33.3%です（国民生活基礎調査（平成10年厚生省））．高齢者の子供との同居率は，都市化や核家族化の進行の中で，年々低下してきています．ただ，高齢者の年齢が上がるにつれて，親の健康などの理由で同居率は高くなります．

**親世帯と子世帯の住まいの関係**

親世帯と子世帯の住まい方には，同居，準同居，別居があり，別居はさらに，徒歩圏内に居住，同一市町村内に居住，遠方に居住の3タイプがあります．同居は，同一家屋に住みますが，個室のみ専用であるような大家族的暮らし方の場合と，寝室・居間・便所・洗面所などを専用に持つタイプがあります．準同居は，各世帯が同じ敷地の中で，1セットずつの独立した住宅設備を持つ住宅に住んでいる場合をいいます．二世帯間が建物の一部分でつながっていて往来可能なタイプと，建物内での往来ができないタイプがあります．

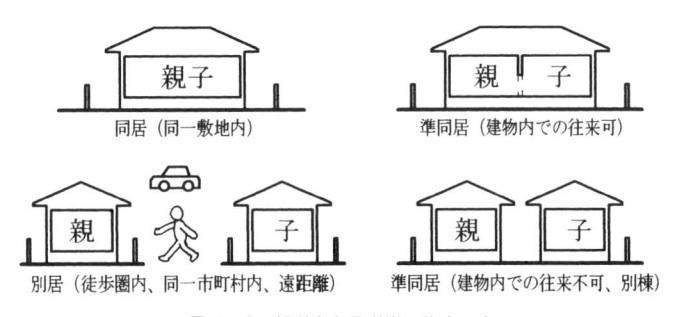

図5-9 親世帯と子世帯の住まい方

**生活融合系と生活分離系**

同居のような生活融合系の住まい方から，準同居や徒歩圏内に別々に住むような生活分離系の住まい方に変化してきています．同居相手も息子夫婦に限らず，娘夫婦との同居が増えています．親世帯側が生活を分けることを望むことが多く，独立した世帯での個人生活を大切にしながら，いざというときには子世帯に支援を求められるように，精神的なつながりを大事にする住まい方へと変わってきています．

## 5. 間取りと住まい方　49

**高齢者の個室**

高齢者は自立した人間です．このため，一人になるための時間と場所，ほかの人とコミュニケーションをとるための時間と場所，この両方がストレス回避のためにも必要です．身体能力や記憶力などが衰えてくると，常時，保護が必要となる場合もあります．この場合でも，自分の領域は必要です．ただ，家族と隔絶した個室に，常に一人でいる状況は人間的な生活とはいえないため，選択的に家族と団らんがとれたり，近隣の人々と楽しく交流できる工夫が必要です．

閉 ←　　　　　　　　　　　　　　　　　　　　　→ 開

**図 5-10** 高齢者のプライバシーとコミュニケーション（Daiwa House Amenities Collection インテリア編 2001/1-2001/6）
4枚のモビールスクリーンを利用して，空間を開放したり，閉鎖したりする．一番右の図が，すべてのスクリーンが格納された状態．

**高齢者の自立**

快適で安全な暮らし，日常生活の自立，介護者の負担の軽減，これらが高齢者の住まいには必要です．中でも，自由に移動できること，プライベートな行為である排泄と入浴を自由に行えること，これらの排泄・入浴・移動の3つの「自立」は，人間らしく尊厳を持って暮らすうえで，最も重要なことの一つです．

**バリアフリー**

建築的障害があって一人で自由に動けないと，外出も減少してしまいますが，段差を解消したり，手すりを設置したり，階段の勾配をゆるやかにしたりという少しの建築的配慮で，自分で外出できるようになります．これを，建築のバリアフリー化といいます．一方，ADL（日常生活動作能力）の維持を図ることも大切です．残存能力を活かして自立するためには，建築のバリアフリー化や福祉用具，設備を充実させるだけでなく，それらを活用した生活をおくることが重要です．

**TOPICS**

### ♣ 家事労働と住まい

　働く女性や高齢者の増加に伴い，家事のあり方が変化してきています．

　共働き夫婦の家庭では，家族で一緒に過ごす時間が短くなりがちです．ですから，家族みんなで調理できるキッチンが設備されているなど，家事をしながらもコミュニケーションのとれる住まいが理想的です．また，家事従事者も主婦一人では負担が大きくなります．共働き夫婦だけでなく，高齢になってくると，家事労働が負担になってきます．ですから，家族の構成員一人一人が自立してお互いに役割を分担するなど，家事を協力しながら行うことが大切です．そのためには，男性，女性を問わず，若いときから家事経験を積んでおくことが必要です．高齢になっても家族仲良く，楽しく過ごすために，家庭の中でも自立できているかどうかということを，これからの時代に心がけておきたいものです．

（フォンテ株式会社提供）

[インテリアの計画]

# 6

# 集合住宅の住まい方

横に連続する「長屋」は、わが国では古くから見られる住まいの形式です。一方、上下に積み重なって暮らす積層型の集合住宅の歴史は浅く、本格的に建築されたのは、1955年に日本住宅公団（現住宅・都市整備公団）が発足し、「団地」を建設してからのことです。この章では、積層型集合住宅を取りあげ、その特質と住まい方を学びます。

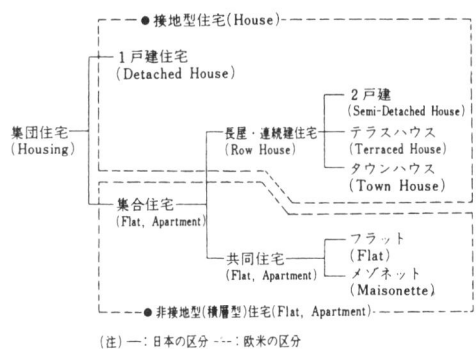

```
集団住宅     ┌─●接地型住宅(House)──────────────────┐
(Housing)    │ ┌1戸建住宅                              │
             │ │(Detached House)                       │
             │ │          ┌2戸建                       │
             │ │          │(Semi-Detached House)      │
             │ ├長屋・連続建住宅┬テラスハウス          │
             │ │(Row House)     │(Terraced House)     │
             │ │                └タウンハウス          │
集合住宅     │                   (Town House)          │
(Flat, Apartment)                                      │
             │                   ┌フラット             │
             │ ┌共同住宅─────────┤(Flat)               │
             │ │(Flat, Apartment)└メゾネット           │
             │ │                   (Maisonette)        │
             └─●非接地型(積層型)住宅(Flat, Apartment)──┘
(注) ──：日本の区分  ---：欧米の区分
```

集合住宅の類型化
（左：家庭(1986)，右：延藤(1983)より）

## 6.1　いろいろな集合住宅

**集合住宅のタイプ**　　集合住宅は，下に示すように，アクセスによって，あるいは高さによっていくつかの種類に分類することができます．

● 片廊下型 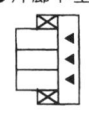
　○各戸の条件の均等化
　○通路側居室の居住性が劣る

● 中廊下型 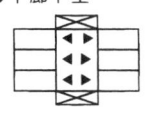
　○方位が制約される
　○通路側居室の居住性が劣悪となる

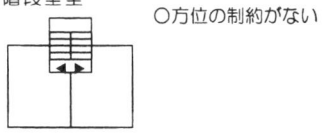

● 階段室型
　○方位の制約がない

図6-1　アクセスによる分類
（日本建築学会編，1979）

表6-1　高さによる分類

| 低層 | 2～3階 | 階段 |
|---|---|---|
| 中層 | 5階まで | |
| 高層 | 15階まで | エレベーター |
| 超高層 | 16階以上 | |

**フラットとメゾネット**
フラット　：一つの住戸が一層で構成されている．
メゾネット：二層以上で構成される．

**テラスハウスとタウンハウス**
テラスハウス：2戸以上の住戸が連続し，上下に積層せず各戸が専用庭を持つもの．
タウンハウス：上記に加え共用の庭や駐車場など，コモンスペースをとるもの．3～4階建も含む．

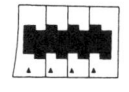

テラスハウス 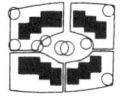　　　タウンハウス

**住戸の計画**　　集合住宅の一世帯分の住まいを住戸といいます．住戸計画は，まず，公営住宅や公団住宅による「標準設計」から始まりました．これは，戦後の絶対的な住宅不足の解消を目的とし，不特定多数の住民を対象としながらも，おもに家族人員などに基づき類型化することで供給されたものです．

「nLDK型」と呼ばれる標準設計は，新しい生活様式の提案も伴って，公的住宅にとどまらず，民間集合住宅の住戸計画にも影響を与えました．その後，住宅不足の解消とともに，画一的な標準設計への不満と反省から，個別要求にあった住戸，一戸建住宅に近い住戸，供給段階から居住者参加ができる計画など，多様な集合住宅計画が見られるようになってきました．

6. 集合住宅の住まい方　53

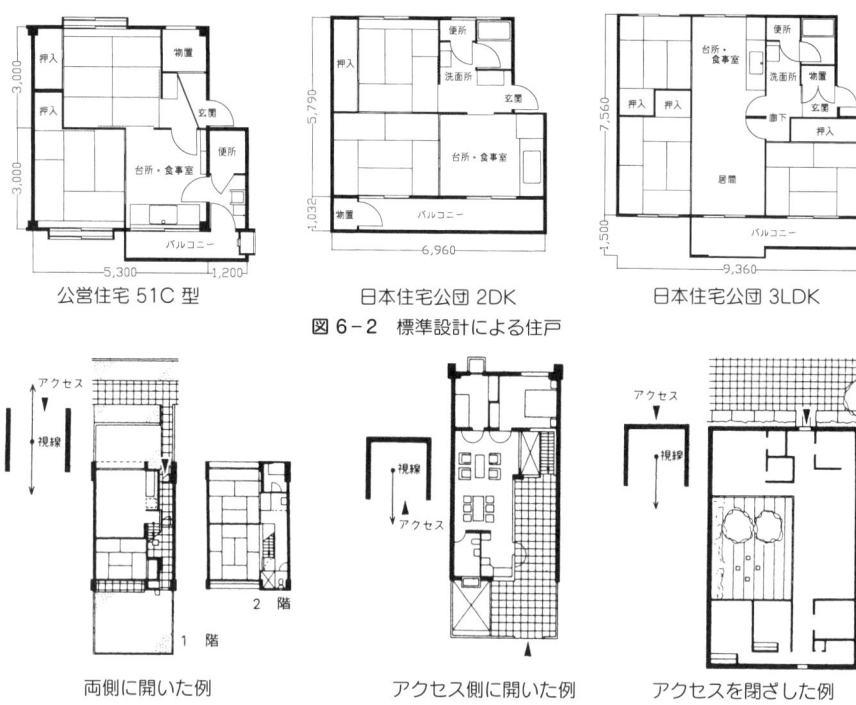

図6-2　標準設計による住戸
公営住宅51C型　　日本住宅公団2DK　　日本住宅公団3LDK

図6-3　アクセスに特徴のある住戸（日本建築学会編，1979）
両側に開いた例　　アクセス側に開いた例　　アクセスを閉ざした例

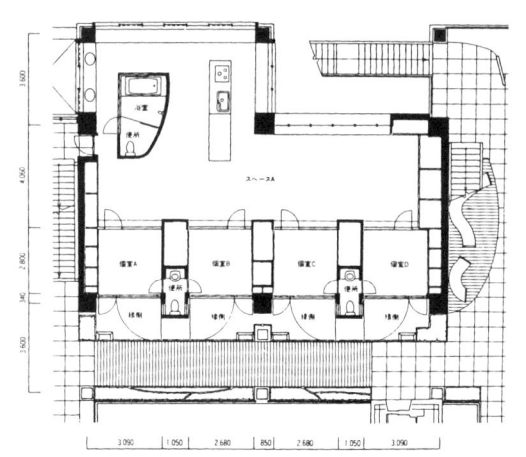

図6-4　個性的な住戸（大阪ガス実験集合住宅 NEXT21
　　　　住戸コンセプト集）
自立家族の家（NEXT21）．家族は自立した個人の集合であるという考えの下に設計．共通する玄関はなく，各個室に出入り口が設置されている．

**コーポラティブ住宅**
家を建てたい人々が集まって組合をつくり，協同して住宅をつくろうとするもの．業者まかせの分譲住宅や，個人単位の注文住宅ではなく，協同の住まいづくりに積極的に住み手が関わることに特徴がある．一戸建のコーポラティブ住宅もあるが，ほとんどは集合住宅であり，個性的な住戸と共用空間もその特徴である．

## 6.2 集合住宅の管理

**住まいの管理**　　住まいは，一戸建，集合住宅を問わず，建てられたときから傷み始めます．定期的，計画的なメンテナンスが欠かせません．住まいの管理には，そこで暮らす家族や住民の合意が必要となります．一戸建住宅の合意形成は，基本的には一世帯のみであるのに対し，集合住宅の場合は複数の世帯の合意が必要となり，より複雑であるといえます．また，住まいの所有形態の相違によって，管理のしくみも異なります．

**賃貸集合住宅の管理**　　賃貸集合住宅の場合は，所有者が特定されるため，ある意味で，統一的な管理が可能であるといえます．ただし，住民が自分の所有でないことから，住まいや共用空間への愛着心を持てない場合，日常的管理が滞りがちとなり，荒廃を促進するバンダリズム（破壊主義）に陥る危険もあります．

**分譲集合住宅の管理**　　分譲集合住宅の場合は，「建物の区分所有等に関する法律」（一般に区分所有法と呼ばれる）に基づき，建物が専有部分と共用部分に区分されることを理解することが大切です．所有者は，専有部分を区分所有し，共用部分は区分所有者全体で所有し，その持ち分は専有部分の床面積の割合にしたがうというのが基本的な考え方です．専有部分の管理に関しては，所有者がその責任を負いますが，共用部分の管理については，区分所有者全体で担うこととなります．表6-2に示した管理を行うためには，区分所有者の合意形成が必要であり，管理組合が実際の運営にあたることとなります．

　　マンション購入の際，特に中古マンションの場合は，「管理で選ぶべし」といわれています．管理の良否は住み良さと直結しており，時間を経ると住まいの傷みの程度に大きな差が生まれます．

　　分譲集合住宅を購入する人の中には，一戸建に比べてメンテナンスが楽であるとか，わずらわしい近所づきあいが少ないので楽というような理由で選択する人もいるかもしれません．しかし，専有部分のみならず，共用部分の適切な管理が自分の財

## 6. 集合住宅の住まい方

産を守るのだということを理解することが，集合住宅で暮らす第一歩であるといえます．

**オクタビア・ヒル：住宅管理の先駆者**

オクタビア・ヒル（1838～1912）は，1865年ロンドンのスラム内に集合住宅を買いとり，家主となった．彼女は定期的に家賃を徴収し，共用空間の清掃や修繕，住人への住み方の指導を行った．彼女の住宅管理の考え方は，所有の有無に関わらず，住人が自分の住まいとその周辺環境に愛着心と自律心を持つことが重要であると示したといえよう．

イギリスでは，ヒルはナイチンゲールとともに，19世紀の社会生活改革に貢献した代表的な女性とされている．

表6-2 管理の内容

| 維持管理 | 共用部分の変更・処分 | 経営管理 | 生活管理 |
|---|---|---|---|
| 建物，エレベーター，給排水・電気設備などの点検・保守，植栽管理，共用部分の清掃，損害保険の契約 | 建物の補修，建替え，駐車場の設置や廃止 | 管理費・修繕積立金などの徴収・出納・保管，予決算の作成 | 住民相互の生活上の秩序と安全の維持 |

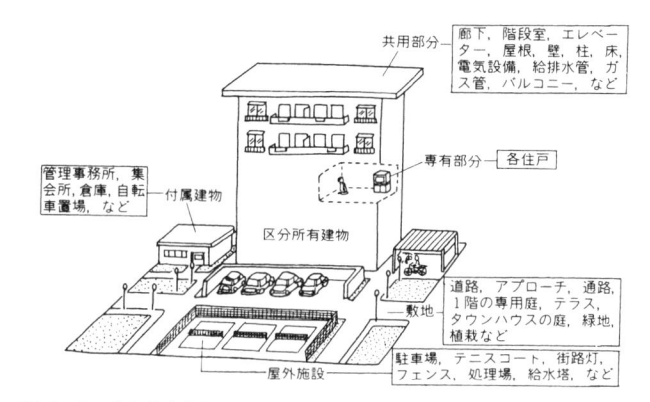

図6-5 分譲集合住宅の所有区分（団地サービス発行計画修繕の手引き）

**管理組合の運営**

集合住宅の管理組合は，区分所有法第3条に規定され，実際の運営に当たっては，次の3つの方法がある．
① 管理業務を全面的に管理会社に委託する
② 一部の業務を委託する
③ 全面的に自主管理する
最も多く見られる形態は，①の全面委託であるが，それぞれの長短所を見極め，選択することが重要である．

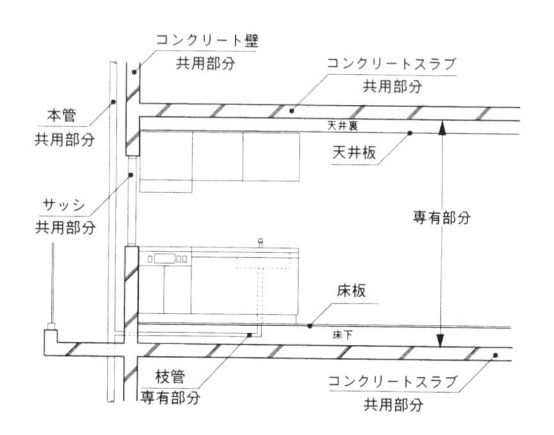

図6-6 住戸の中の専有部分と共用部分（図作成：牧野 唯）

## 6.3　集合住宅での暮らしのルール

**集合住宅でのトラブル**　　人が集まって快適に暮らすには，一定のルールが必要です．連続建住宅では，基本的には横のつながりですが，積層型の集合住宅では，それに上下のつながりが生じてきます．集合住宅におけるトラブルをアンケート調査結果にみてみると，住民相互のマナーの問題が第1位にあげられています．

**音の問題**　　集合住宅でのトラブルとなる問題では，音に関することが最も多いものとなっています．音の伝播は上の階から下の階に伝わり，イスを引く音，子供が床をはねる音，電気掃除機の音などは自分の住戸で聞こえるよりも，下の階の方がより大きく響くことを理解しなくてはなりません．暮らしを営むうえで生じる生活音は住民相互のこととはいえ，音の生じる時間帯や頻度には気を配ることが重要です．また，音への感覚は非常に情緒的であるといえ，正体不明の音に対しては警戒心を強く持つものです．通常の近所づきあいの場合は，「お隣」を中心とした横のつながりが強いものですが，集合住宅においては，上下階を加えて考えるべきでしょう．同じ音を出しても，顔も知らぬ住民の出した音と，いつも挨拶を交わす住民の出した音とでは，受け止め方がずいぶん異なるものです．

**水もれ**　　雨もりとは別に，水もれのトラブルがめだつことも集合住宅での暮らしの特徴です．洗濯機の排水ホースがはずれた，ベランダの植木の水やりで階下の洗濯物をぬらしたなど，一戸建住宅ではトラブルの発生とはならないことが，集合住宅では上下に積層しているためにトラブルの原因となるのです．

**ペット**　　規約によりペットの飼育を禁止する集合住宅は多くみられます．適用は管理組合により異なり，小鳥や熱帯魚などは認められるケースもあります．イヌ・ネコなどの小動物を可とする集合住宅もありますが，まだまだ少ないのが現状です．トラブルの原因となるのは，禁止されているにも関わらず，内緒でペットを飼育することにあります．要は，自分一人ぐらい規約を破

6. 集合住宅の住まい方 | 57

ってもいいだろうという気持ちがトラブルの原因となることを
理解することが大切です.

**トラブル発生の状況（重複解答）**

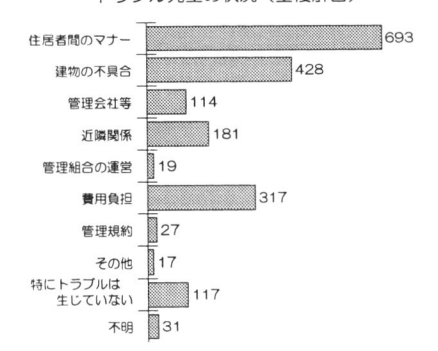

- 住居者間のマナー 693
- 建物の不具合 428
- 管理会社等 114
- 近隣関係 181
- 管理組合の運営 19
- 費用負担 317
- 管理規約 27
- その他 17
- 特にトラブルは生じていない 117
- 不明 31

図6-7　トラブル発生の状況
　　　（平成11年マンション総合調査
　　　（建設省）より作成）

**トラブルの内訳（重複回答）**

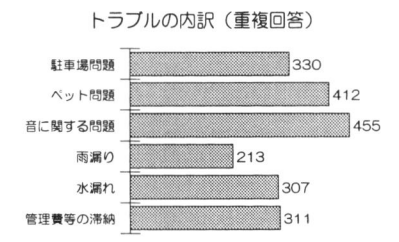

- 駐車場問題 330
- ペット問題 412
- 音に関する問題 455
- 雨漏り 213
- 水漏れ 307
- 管理費等の滞納 311

図6-8　トラブルの内訳
　　　（平成11年マンション総合調査
　　　（建設省）より作成）

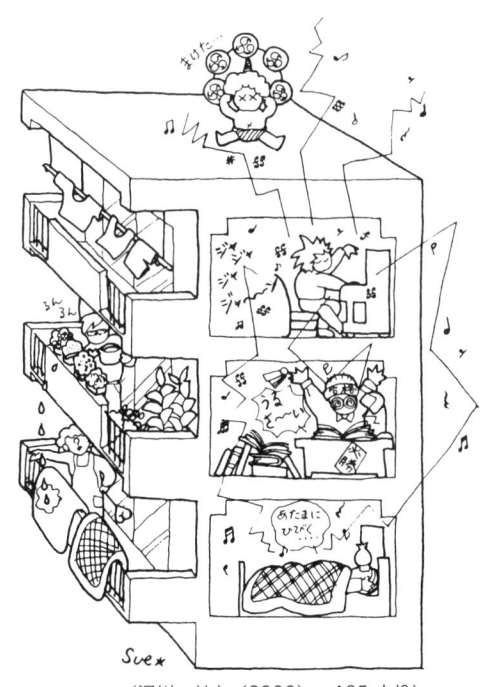

（湯川・井上（2000）p.135より）

## 6.4 高層集合住宅の暮らし

**高層集合住宅は安全か**　都市化の進展とともに，集合住宅の高層化が進んでいます．高層集合住宅には，高層階ほど価格の設定が高く，また人気も高いという傾向が見られます．眺望の良さが，大きな魅力であると考えられますが，まったく問題はないのでしょうか．

**子供の外遊び**　図6-9に見るように，高層階に住む子供の外遊びは，低層階に住む子供と比べ，その頻度は少ないものとなっています．
　3歳ぐらいまでは親が子供の外遊びについて行くか，一緒に行けないときでも，外で遊ぶ子供の様子がわかる範囲でなければ，親も子も不安に思います．集合住宅で，外遊びする子供の気配が住戸の中からわかるのは，せいぜい3階ぐらいまでではないでしょうか．地上からの距離が離れるほど，子供の外遊びの機会を阻害することにつながっているといえるでしょう．

**犯罪発生と集合住宅**　集合住宅における犯罪の発生状況について，ニューヨークにおける凶悪犯罪の発生場所を集合住宅の階高の高低別にみると（図6-10），高層集合住宅ほどエレベーターや廊下という共用空間での犯罪発生が多くなっています．エレベーターや廊下は，一戸建住宅の住宅地の道路に相当する通路空間ですが，一般の道路に比べて，密室性が高いことが特徴といえます．そして，そこでの犯罪内容は，窃盗や暴力よりも性犯罪が多いことも大きな特徴です．

**安心できる集合住宅**　犯罪者には，顔を見られたくない，覚えられたくないという心理特性があります．図6-11に示したように，中層集合住宅と高層集合住宅における性犯罪の発生率を比較すると，高層での発生率が高いことは明らかであり，その原因として，高層における匿名性の高さをあげることができます．そのことから，高層であっても安心できる集合住宅とは，不審者を特定できる建築計画であること，すなわち不審者が，エレベーター内やホールをうろついていれば，住民が感知できることが大切です．例えば，最も性犯罪の発生率の高いエレベーターの計画で

## 6. 集合住宅の住まい方

は，一台当たりの日常的な利用者が少ない方が安全であるといえます．エレベーター利用者が互いに顔見知りになれるような計画であれば，不審者の発見が容易になります．また，通路空間である廊下や階段が閉鎖的でなく，住戸内から気配が感じられる計画であることも重要です．このようなことを住民の「領域の確定」といいます．すなわち，良好な近所づきあいができる集合住宅が安心な集合住宅といえるのです．また，エレベーターの扉をシースルーにすることや，監視カメラの設置も，犯罪の牽制策として効果的であるといえます．

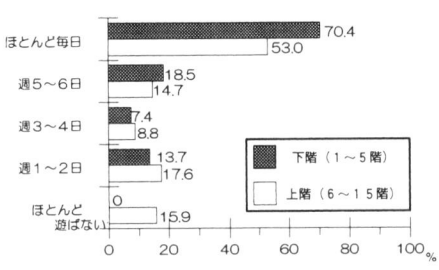

**図6-9** 3～5歳児の屋外遊び日数（芦屋浜団地 1983年）（奈良女子大学湯川研究室，1983）

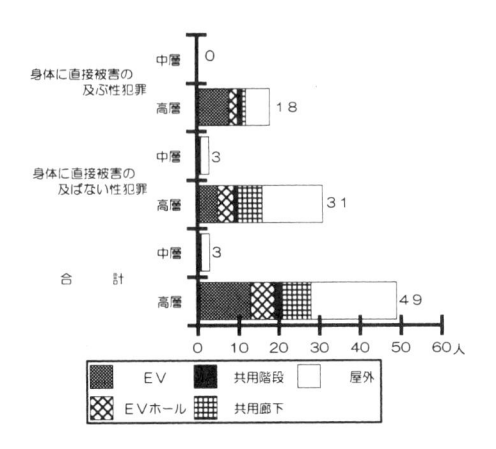

**図6-11** 高層住宅と中層住宅の性犯罪発生場所（湯川（1987）p.16より作成）
東京都下T団地4年間の件数（1975～78年）．

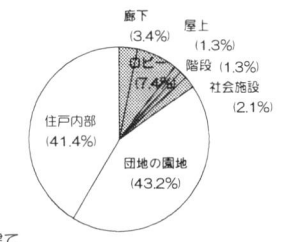

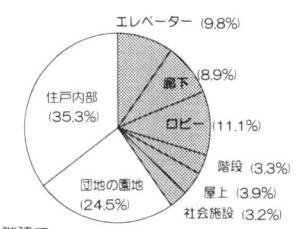

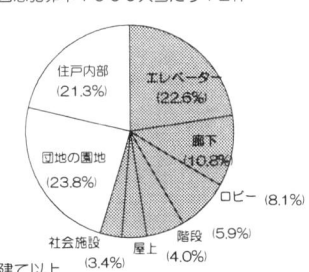

**図6-10** ニューヨーク市営住宅における凶悪犯罪件数と発生場所（湯川（1987）p.11）
ニューヨーク市営住宅局保安部調査1969年．

## TOPICS

### ♣高齢者住宅

　高齢者だけで暮らす住宅や施設も，集合住宅の一つのタイプといえるかもしれません．いろいろな高齢者住宅や施設を紹介します．

表6-3　高齢者集合住宅

| | 対象者 | 生活関連サービス | 特徴 | 実施主体 |
|---|---|---|---|---|
| シルバーハウジング | 自炊程度はできる日常生活自立可能な単身（60歳以上）あるいは夫婦（どちらかが60歳以上） | 生活援助員（LSA）により，生活相談・緊急時の対応・一時的な家事援助のサービス | ドアの開閉などによる安否確認がなされている | 市町村 |
| シニア住宅 | 単身（60歳以上）あるいは夫婦（どちらかが60歳以上）ただし，入居時に一括支払い方式の終身年金保険に加入しなければならない | 生活相談・緊急時の対応・フロントサービス・家事援助などのサービス | 年金を担保に，終身にわたる住居保証がされる | 公団，市町村の住宅供給公社など |

共に，賃貸の集合住宅であり，バリアフリー仕様となっている．

表6-4　高齢者集合住宅

| 施設分類 | | | 定員 | 一人当たり居室面積 | 居室の人員 | 利用者負担 |
|---|---|---|---|---|---|---|
| 老人福祉施設 | 養護老人ホーム | | 50人以上（一部20人以上） | 3.3㎡以上（収納を除く） | 2人以下 | 利用者本人または扶養義務者から負担能力に応じて費用を徴収する |
| | 特別養護老人ホーム | | 20人以上（一部10人以上） | 10.65㎡以上 | 4人以下 | 要介護度ごとに設定された介護報酬の1割と，食費の標準負担額 |
| | 軽費老人ホーム | A型 | 50人以上 | 6.6㎡以上（収納を除く） | 個室 | 生活費（5万円程度）は一律負担，事務費は所得に応じ減免がある |
| | | B型 | 50人以上（一部20人以上） | 単身者16.5㎡以上　夫婦24.8㎡以上 | 個室 | 生活費は自己負担，利用料は施設毎に異なる |
| | | ケアハウス | 20人以上（一部10人以上） | 単身者21.6㎡以上　夫婦31.9㎡以上 | 個室 | 生活費（5万円程度）は一律負担，事務費は所得に応じ減免がある |
| 有料老人ホーム | | | 10人以上 | （設置規定なし） | 個室 | 本人が全額負担 |

・上記の数値は，2001年8月現在．各施設の開設時期の基準により数値は異なる．特養の居室面積は，2000年4月以降の基準であり，現時点では，大半の特養は前基準値の4.95㎡（収納設備を除く）である．
・軽費B型のみ利用者が自炊する．ほかの施設は給食型である．
・ケアハウスは，1989年に新設された新しいタイプの施設である．
・軽費A型は居室設備の付設基準がなく，軽費B型は調理設備・洗面所の敷設義務が，また，ケアハウスには洗面所・便所・簡易調理施設の付設義務がある．付設義務以上の設備は施設により異なる．

表6-5　高齢者施設の利用条件

| 養護老人ホーム | 特別養護老人ホーム | 軽費老人ホーム |
|---|---|---|
| 原則として65歳以上の者であって，身体上・精神上・または環境上・経済上の理由によって自宅での生活が困難な者（措置制度：市町村で判定）． | 65歳以上で介護保険制度に基づき，介護認定を受けた者（要支援や自立では利用できない）．利用者と施設との契約． | 60歳以上で経済的または家庭的事柄で自宅での生活ができない者．利用者と施設との契約． |

2000年4月から実施の介護保険制度により，特養は旧来の措置制度から上記に変更．ただし，旧措置制度の利用者のうち，要介護と認定されない場合，2000年4月以降，5年間は経過措置がとられる．

[インテリアの計画]

# 7

# 安全で健康的な住まい

住まいは家族の安全と健康を守る器です．しかし，住まいを安全で健康的であると思いこむことは間違いです．下図に示すように，不慮の事故による死亡者のうち，交通事故に次いで家庭内事故が多いのです．65歳以上の高齢者では，家庭内事故による死亡者が交通事故を上まわり，4歳未満の乳幼児では交通事故の3倍近くが，家庭内事故で亡くなっているのです．この章では，住まいの中で過ごす時間の長い高齢者と子供をキーワードに，安全で健康的な住まいについて学びます．

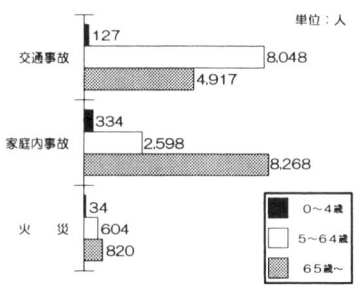

単位：人

交通事故　127／8,048／4,917
家庭内事故　334／2,598／8,268
火災　34／604／820

■ 0〜4歳
□ 5〜64歳
▨ 65歳〜

年齢別不慮の事故による死亡者数
（人口動態統計（1999年）を基に作成）

子供の視線で見てみよう
（イラスト作成：沖　粧子（P65〜67も同様））

## 7.1 住まいは安全か

**乳児の家庭内事故**　乳児（1歳未満）の家庭内事故では，不慮の窒息による死亡が最も多いものとなっています．まだ首のすわらない生後2～3ヶ月ぐらいまでは，柔らかすぎる寝具では顔が埋まってしまう危険があります．また，顔の上に異物が乗っても払いのけられないため，ビニール袋など余計なものが周辺に散らからないよう気をつけることが大切です．はいはいができるような月齢になると，乳児といってもその行動範囲は非常に広がります．同時にその頃の乳児の視線は大人とは異なり，床面近くの低いものであるため，同じ視線になって，床面の清潔さと安全確保に努めること，特に，小さなボタンや硬貨，タバコやその吸殻など，誤飲につながりそうな物を除去することが大切です．

**幼児の家庭内事故**　幼児（1～4歳）になると，行動範囲は格段に広がります．この時期の最も多い家庭内事故は溺死・溺水です．浴槽や洗濯機などに誤って転落する事故が考えられます．幼児の体型は，頭が大きく重いため，覗き込んでいるうちに，頭がおもりの役目となって転落しやすいのです．不用意に浴槽に水を張ったままにしない，あるいは勝手に浴室に入れないように工夫をするなどの対策が必要です．同様に，窓やベランダからの転落事故も幼児に多い事故です．窓枠，ベランダの柵の安全性の確認や，窓近くやベランダに踏み台となるようなものを置かないなど，生活上の配慮が望まれます．

**高齢者の家庭内事故**　家庭内事故による死亡者の7割以上が高齢者です．原因の1位は浴槽などにおける溺死であり，転倒，転落が多いことも特徴的です．転倒，転落により死亡にいたらないまでも，骨を折るなどのけがを負うと，その後の安静・仰臥期間の長さによっては，ADLの著しい低下を引き起こしかねません．国民生活基礎調査報告によると，65歳以上の要介護高齢者の介護に至ったおもな原因のうち，骨折は全体の1割近くを占めています．要介護の原因の1位を示す脳卒中についても，住まいとの関わりが見られます．

## 7. 安全で健康的な住まい

**表7-1** 乳幼児の家庭内事故死（人口動態統計(1999年)を基に作成）

| 死因 | 0歳 | 1～4歳 | 5～14歳 |
|---|---|---|---|
| 総数 | 168人 | 166人 | 110人 |
| 溺死 | 18人 | 59人 | 19人 |
|  | 10.7% | 35.5% | 17.3% |
| 窒息死 | 127人 | 37人 | 31人 |
|  | 75.6% | 22.3% | 28.2% |
| 転倒・転落 | 12人 | 33人 | 17人 |
|  | 7.1% | 19.9% | 0.9% |

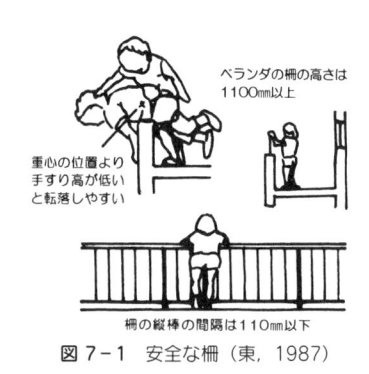

**図7-1** 安全な柵（東，1987）

（ベランダの柵の高さは1100mm以上／重心の位置より手すり高が低いと転落しやすい／柵の縦棒の間隔は110mm以下）

**表7-2** 高齢者の家庭内事故死（人口動態統計(1999年)を基に作成）

| 死因 | 全年齢 | 65歳以上 | 65歳以上の割合 |
|---|---|---|---|
| 家庭内事故死総数 | 11202人 | 8268人 | 73.8% |
| 同一平面上での転倒 | 941人 | 792人 | 84.2% |
| 階段からの転落，転倒 | 454人 | 290人 | 63.9% |
| 建物などからの墜落 | 385人 | 151人 | 39.2% |
| 溺死 | 3205人 | 2699人 | 84.2% |

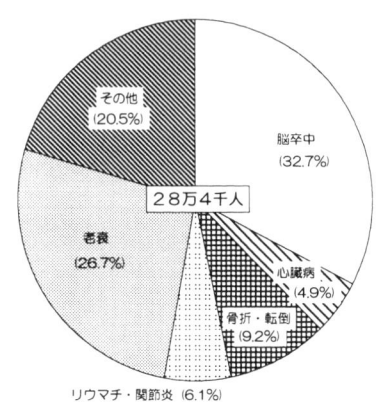

**図7-2** 65歳以上の寝たきり者の原因別構成割合（国民生活基礎調査報告（1995年）を基に作成）

28万4千人
- 脳卒中 (32.7%)
- その他 (20.5%)
- 老衰 (26.7%)
- 心臓病 (4.9%)
- 骨折・転倒 (9.2%)
- リウマチ・関節炎 (6.1%)

> **ADL**
> activities of daily living の略で，日常生活動作（能力）のこと．食事・排泄・移動・入浴・着替えなどの日常生活がどの程度自立しているかを見る．自立・半介助・全介助の3段階でとらえることが多い．一般的には，最も早く介助が必要となる行為は入浴で，比較的自立度が保たれるのは食事をとる能力であることが多い．移動の能力が自力か否かで，生活シーンが大きく左右される．

## 7.2 高齢者の身体特性とバリアフリー住宅

**日本の住まいの問題点**　日本の伝統的な住まいでは，玄関の上がりがまちや開口部の敷居など，住まいのあちこちに段差が見られ，このことが，高齢者の転倒事故の多さにつながっていると考えられます．また，床座の生活様式は，起居に負担がかかり，高齢者の身体機能からみると不向きであるといえます．尺貫法による廊下や開口部の幅員も，手すりの設置や車いすの利用に際しては狭く，畳という床材は，これらの福祉用具の使用に向いているとはいえません．

**高齢者の身体状況**　高齢者は，個人差は大きいものの，下図に示すように全体として骨や関節，筋力が衰え，足腰が弱くなっていきます．

事故を防ぐ住まいづくりは，杖や歩行器，車いすを使用することになっても使いやすい住まいといえます．こうした住まいは，仮に要介護の状態となっても，洗面や排泄などの日常生活を可能なかぎり自力で行うことにより，生活リハビリテーションを可能にします．また，高齢者への配慮は，高齢者以外の家族のけがや病気の際の配慮にもつながるものです．今後，人口の高齢化がますます進むわが国において，家庭内事故を防ぐ住まいづくりは，国民的な課題であるといってもいいでしょう．

高齢者の身体特性に配慮した部屋別のチェック項目を以下に整理します．

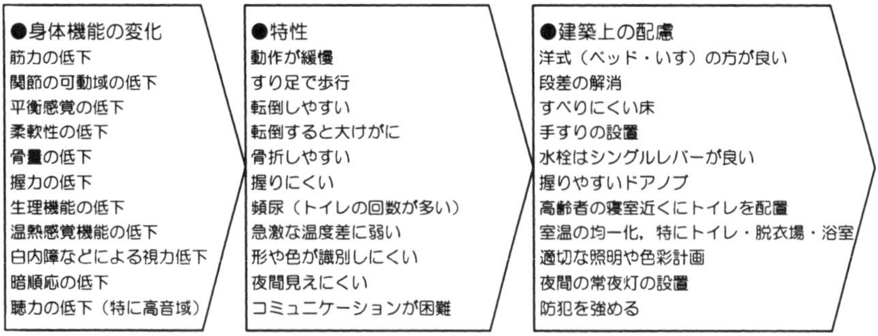

| ●身体機能の変化 | ●特性 | ●建築上の配慮 |
|---|---|---|
| 筋力の低下 | 動作が緩慢 | 洋式（ベッド・いす）の方が良い |
| 関節の可動域の低下 | すり足で歩行 | 段差の解消 |
| 平衡感覚の低下 | 転倒しやすい | すべりにくい床 |
| 柔軟性の低下 | 転倒すると大けがに | 手すりの設置 |
| 骨量の低下 | 骨折しやすい | 水栓はシングルレバーが良い |
| 握力の低下 | 握りにくい | 握りやすいドアノブ |
| 生理機能の低下 | 頻尿（トイレの回数が多い） | 高齢者の寝室近くにトイレを配置 |
| 温熱感覚機能の低下 | 急激な温度差に弱い | 室温の均一化，特にトイレ・脱衣場・浴室 |
| 白内障などによる視力低下 | 形や色が識別しにくい | 適切な照明や色彩計画 |
| 暗順応の低下 | 夜間見えにくい | 夜間の常夜灯の設置 |
| 聴力の低下（特に高音域） | コミュニケーションが困難 | 防犯を強める |

図7-3　高齢者の身体特性

## 7. 安全で健康的な住まい | 65

● トイレ

　高齢者は，トイレの使用が昼夜を問わず多いため，高齢者の部屋近くにトイレを設置することが大切です．夜間の使用も頻繁であり，安全対策には特に気をつける必要があります．

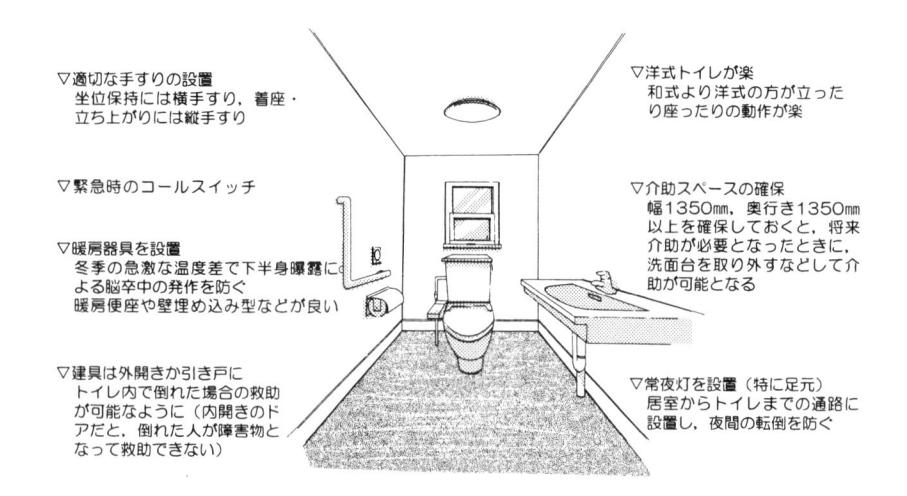

▽適切な手すりの設置
　坐位保持には横手すり，着座・立ち上がりには縦手すり

▽緊急時のコールスイッチ

▽暖房器具を設置
　冬季の急激な温度差で下半身曝露による脳卒中の発作を防ぐ
　暖房便座や壁埋め込み型などが良い

▽建具は外開きか引き戸に
　トイレ内で倒れた場合の救助が可能なように（内開きのドアだと，倒れた人が障害物となって救助できない）

▽洋式トイレが楽
　和式より洋式の方が立ったり座ったりの動作が楽

▽介助スペースの確保
　幅1350mm，奥行き1350mm以上を確保しておくと，将来介助が必要となったときに，洗面台を取り外すなどして介助が可能となる

▽常夜灯を設置（特に足元）
　居室からトイレまでの通路に設置し，夜間の転倒を防ぐ

● 洗面・脱衣場

　狭い場所で着脱行為を行うので，安全対策が必要です．

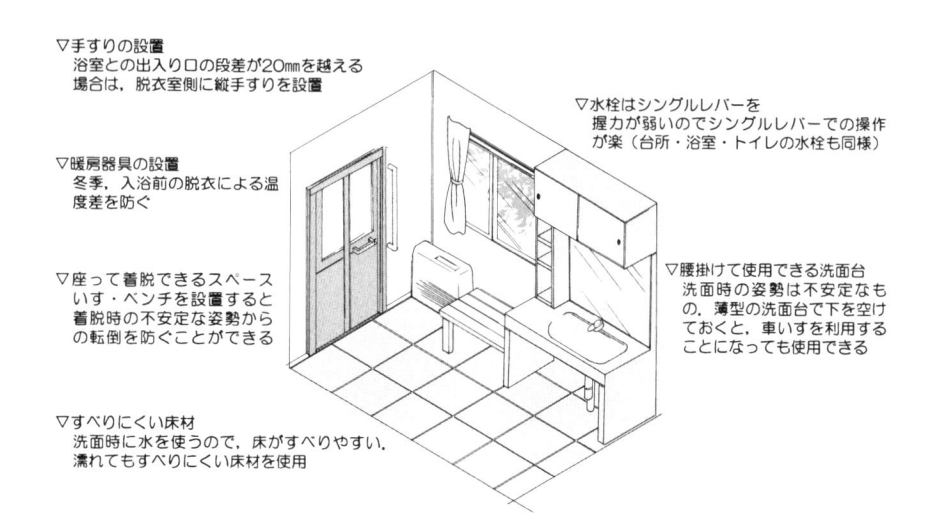

▽手すりの設置
　浴室との出入り口の段差が20mmを越える場合は，脱衣室側に縦手すりを設置

▽暖房器具の設置
　冬季，入浴前の脱衣による温度差を防ぐ

▽座って着脱できるスペース
　いす・ベンチを設置すると着脱時の不安定な姿勢からの転倒を防ぐことができる

▽すべりにくい床材
　洗面時に水を使うので，床がすべりやすい．濡れてもすべりにくい床材を使用

▽水栓はシングルレバーを
　握力が弱いのでシングルレバーでの操作が楽（台所・浴室・トイレの水栓も同様）

▽腰掛けて使用できる洗面台
　洗面時の姿勢は不安定なもの．薄型の洗面台で下を空けておくと，車いすを利用することになっても使用できる

● 浴　室

　湯水を使用する部屋であり，すべりやすく，裸なので転倒すると大けがにつながる危険があります．浴槽内での溺水の危険もあり，安全対策が欠かせません．

▽適切な手すりの設置
　浴槽内での姿勢保持には横手すり，立ち上がり・座り込み時には縦手すり

▽和洋折衷型の浴槽
　浴槽内で体が不安定になりやすいので和洋折衷型の浴槽が良い．
　またぎやすい半埋め込み式を．
　洗い場からの高さは300〜500mm.
　推奨値350〜450.

▽浴槽の縁は腰を下ろし，体を回転させることのできる形状とする

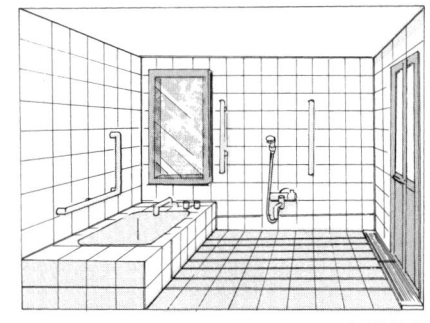

▽浴室の広さは短辺方向の内法で1400mm以上，面積を2.5m²以上とする

▽出入り口
　引き戸か折り戸にし，万が一，浴室内で倒れた場合の救助を可能なものとする．
　出入り口の有効幅員は650mm以上とする

▽洗面所との段差の解消
　新築時には段差をつくらない設計を．出入り口に排水溝を設置し，グレーチングを敷設し水勾配を出入り口と反対にとれば良い．
　建築後の工夫としては，すのこの敷込みで段差を解消する方法もある

▽すべりにくい床材
　湯水を流すのですべりやすい．すべりどめタイルなど配慮のある床材を

● 階　段

　階段での転落事故は大けがにつながりやすいため，極力，階段を使用しない間取りにするとともに，階段の安全設計に配慮することが大切です．

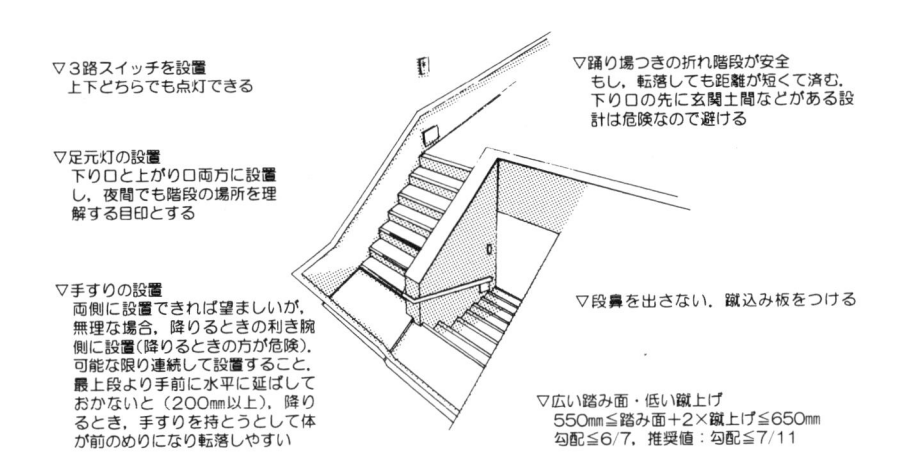

▽3路スイッチを設置
　上下どちらでも点灯できる

▽足元灯の設置
　下り口と上がり口両方に設置し，夜間でも階段の場所を理解する目印とする

▽手すりの設置
　両側に設置できれば望ましいが，無理な場合，降りるときの利き腕側に設置（降りるときの方が危険）．可能な限り連続して設置すること．最上段より手前に水平に延ばしておかないと（200mm以上），降りるとき，手すりを持とうとして体が前のめりになり転落しやすい

▽踊り場つきの折れ階段が安全
　もし，転落しても距離が短くて済む．下り口の先に玄関土間などがある設計は危険なので避ける

▽段鼻を出さない．蹴込み板をつける

▽広い踏み面・低い蹴上げ
　550mm≦踏み面＋2×蹴上げ≦650mm
　勾配≦6/7，推奨値：勾配≦7/11

## 7. 安全で健康的な住まい

●アプローチ・玄関・廊下

　部屋ごとに配慮があっても，そこに至る通路が狭く，危険であれば，せっかくの配慮が活かされないこととなります．また，住まいと外を結ぶアプローチや玄関にバリアがあれば，生活圏が狭く社会性が乏しくなります．

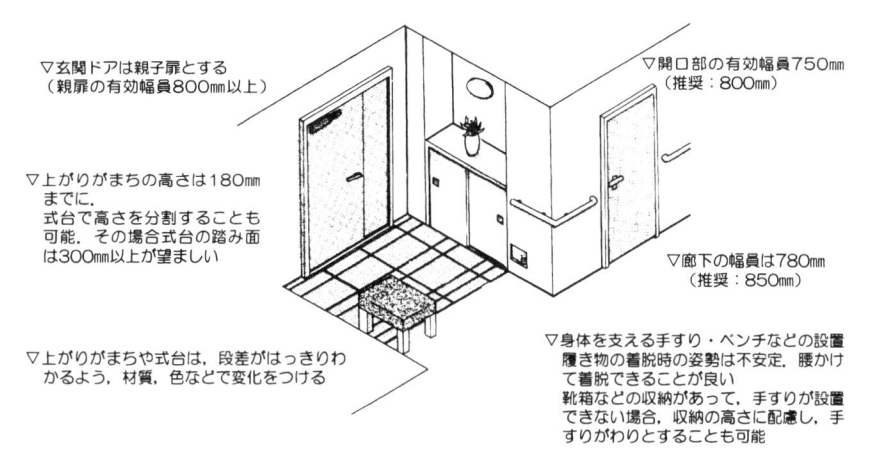

▽玄関ドアは親子扉とする
（親扉の有効幅員800mm以上）

▽開口部の有効幅員750mm
（推奨：800mm）

▽上がりがまちの高さは180mmまでに．
式台で高さを分割することも可能．その場合式台の踏み面は300mm以上が望ましい

▽廊下の幅員は780mm
（推奨：850mm）

▽上がりがまちや式台は，段差がはっきりわかるよう，材質，色などで変化をつける

▽身体を支える手すり・ベンチなどの設置
履き物の着脱時の姿勢は不安定．腰かけて着脱できることが良い
靴箱などの収納があって，手すりが設置できない場合，収納の高さに配慮し，手すりがわりとすることも可能

●その他

　以上の部屋別チェック項目に示した数値は，長寿社会対応住宅設計指針によるものです．ポイントは，床段差の解消，有効幅員の確保，手すりの設置です．これらは，後から改修することが難しく，可能なかぎり，建築時に対処すべき事柄です．

　　▽手すりは設置することより，必要な時に，必要な場所に設置できることが重要（木造壁の場合，下地補強が必要）．

　　▽手すりの高さ：床仕上げ面から（階段は段鼻から）750mm．

　　▽建具は引き戸が良い：住まいの洋式化でドア（開き戸）が多用されているが，車いす利用時には引き戸の方が使い良い．開口部の有効幅も取りやすい．

　　▽建具の取っ手：玄関ドアも含め，建具の取っ手は握りやすいものを．

　　▽トイレ・洗面所・浴室は，それぞれ広さを確保するのが難しい場合，配置を連続させ，必要になれば間仕切り壁を撤去し，広さを確保することも有効な手段である．

---

**長寿社会対応住宅設計指針**
1995年に建設省住宅局長名で通知された．
住宅各室の段差や手すり，床仕上げなどの各部の設計指針を定めたもの．この指針自体は義務づけられたものではないが，この指針を基本に，1996年，住宅金融公庫が融資の基礎的な要件の一つ「バリアフリー基準」を設け，具体的な施策に展開した．

## 7.3　健康的な住まい

**ダニ**

住まいの中に生息する代表的なダニは，チリダニ・コナダニ・ツメダニなど約100種類あります．ツメダニはヒトの皮膚を刺しますが，すべてのダニがヒトを刺すわけではなく，刺されないからわが家にはダニはいないと思うのは間違いです．現在，住まいで最も多くみられるダニは，チリダニの一種であるヒョウヒダニです．図7-5に示すように，ダニの生息に好条件な環境は，人間の暮らしの環境と重なり，住まいからダニを完全になくすことは無理といえます．あまり神経質になるのは考えものです．しかし，現代の住まいと私たちの住まい方では，ともすればダニの大発生を招きかねないのです．ヒョウヒダニは，その死骸やフンが鼻炎やぜん息，アトピーなどのアレルギー疾患を引き起こすアレルゲンとなるのです．ダニの発生を防ぐ住まい方の工夫が必要です．

**カビ**

ダニと同様にカビにとっても，現代の住まいは好都合な環境といえます．かつての開放的なわが国の伝統的な住まいに比べ，気密性の高い住まいの増加を背景として，格段にカビが増殖しています．カビが原因となる病気には，①アレルギー，②感染症，③中毒症があり，人の健康に影響を与えます．また，カビをエサにするダニもいることから，カビの発生はダニの発生にもつながるものです．日本人の三人にひとりが，何らかのアレルギーを持っているといわれる現在，ダニやカビの特性や対策を知ることは大切なことです．

**シックハウス症候群**

新築間もない住まいに移転した場合など，おもに建築資材に含まれる化学物質によって発症する化学物質過敏症を，シックハウス症候群といいます．化学物質過敏症は，体内に入る化学物質に過剰に反応するアレルギー疾患です．近年，建材や内装材は，化学物質を含む原材料を製品化したものが圧倒的に多く，住まいで過ごす時間の長い子供や専業主婦，免疫力の低下した高齢者に患者が多く見られます．治療法としては，原因物質の排除，栄養補給，運動の推進などがあげられていますが，

> **化学物質過敏症**
> 「化学物質に大量暴露，もしくは微量に長期間暴露した後，きわめて微量の化学物質によって出現する過剰過敏反応」（エール大学カレン博士の定義）

まだ完全には確立していません．住まい以外にも，学校の改築後に発症するシックスクール症候群も報告されています．

**住まいの変化**
　住まいの高気密化
　新建材の使用

**生活の変化**
　機械による温熱制御
　ベッド・洋服ダンスなど大型家具の設置
　防虫剤・芳香剤など化学物質の多様
　家族の不在による換気の悪化

その結果…
住まいの中に湿気が増えた
ほこりが増えた

　ダニの繁殖
　カビの繁殖
　化学物質の増加

住まいの中のアレルゲンの増加

図7-4　住まいと生活の変化から

**ダニの生息条件**
　温　度：25℃～30℃
　湿　度：75％～80％
　エ　サ：フケ・カビ・ホコリなど
　住　処：卵を生む住処が必要

**ダニの住処**
　毛布・布団など寝具類
　じゅうたん・カーテン・ソファー（布製）
　ぬいぐるみ
　押入

**カビの生息条件**
　温　度：10℃～50℃
　　　　　25℃～30℃が最適温
　湿　度：65％以上
　栄養分：木材・布・紙・塗料・ほこり・
　　　　　ビニールクロス・垢・フケなど
　酸　素：微量であっても繁殖可能

**住まいの中でカビの発生しやすい場所**
　浴室・洗面所・トイレ・台所
　北側の居室・押入など

**ダニ・カビの防御**
　加熱　　　：天日干しが有効，布団などはこまめに干そう
　　　　　　　後に掃除機をかける（ゆっくり，ていねいに）　　　｝共通
　住まいの湿度：調理時は必ず換気扇を回す
　を上げない　　雨天時の屋内での洗濯物干しは禁物
　エサを減らす：掃除をまめに行う
　　　　　　　　押入の掃除もまめに
　住処を減らす：薄いインテリアで，毛足の長いカーペット×
　　　　　　　　水拭き可能な素材が○　　　　　　　　　　　　　｝ダニ対策
　寝具のダニは：なくしてしまうのは無理
　　　　　　　　目の細かいシーツで吸い込まないことで対策を
　　　　　　　　枕はプラスチックパイプ○，そばがら・羽毛×

ポイントは換気と掃除

図7-5　ダニ・カビの特性と対策

**室内で量が多く問題となる化学物質**
ホルムアルデヒド：合板・接着剤・防黴剤など
トルエン・キシレン（VOC）：難燃剤・可塑剤（ビニールクロス）
　　　　　　　　　　　　　畳の防虫剤・シロアリ駆除剤など
　　　　　　　　　　　　　（VOC：有機化合物，P36参照）

[インテリアの計画]

**表7-3 化学物質過敏症の症状（宮田, 1999）**

| | |
|---|---|
| 自律神経障害 | 発汗異常，手足の冷え，易疲労性 |
| 精 神 障 害 | 不眠，不安，うつ状態，不定愁訴 |
| 末梢神経障害 | 運動障害，四肢末端の知覚異常 |
| 気 道 障 害 | 喉の痛み，乾き |
| 消 化 器 障 害 | 下痢，便秘，悪心 |
| 眼 科 的 障 害 | 結膜の刺激症状 |
| 循 環 器 障 害 | 心悸亢進 |
| 免 疫 障 害 | 皮膚炎，ぜん息，自己免疫疾患 |

**表7-4 シックハウス症候群の防御の方法**

| | |
|---|---|
| 建築時には： | 比較的安心な建材・内装材を使用する |
| 入居前には： | 換気をしながら，室内温度を35℃くらいに上げて24時間放置する操作を何回か繰り返す（ベイクアウト） |
| 日常的には： | 換気をこまめに<br>空気清浄機の使用<br>VOC吸着板を室内に設置する |

## TOPICS

### ♣バリアフリーとユニバーサルデザイン

バリアフリーとは，高齢者や障害者にとっての障壁を除去するという意味で，わが国においては，おもに建築面での対応が主になっています．ユニバーサルデザインの考え方は，デザインを広く普遍的にとらえ，建築にかぎらず，衣服や日常生活の道具なども対象として，高齢者や障害者だけでなく，だれがどのような状況で使用しても使いやすいデザインを目指すものです．

**歩 み**

- 1960年代：北欧を中心にノーマライゼーションの取り組み
  障害者に対する保護・隔離主義から，一般の人々と同等の権利を保障する考えへの変更と取り組み．最近では，障害者に限定することなく，すべての人が人権を尊重されながら自己選択と自己決定に基づき生活することという考え方に広がってきた
- 1968年 ：建築障害撤廃法（アメリカ）
  世界最初のバリアフリー法
- 1990年 ：ADA（障害を持つアメリカ人に関する法律）（アメリカ）
  建築物や教育，雇用等，障害者に対する包括的な差別禁止の法律
- 1994年 ：ハートビル法（日本）
  高齢者，身体障害者等が円滑に利用できる特定建築物の建築の促進に関する法律

**ユニバーサルデザインの7原則**
① 誰にでも公平に使用できること
② 使う上での自由度が高いこと
③ 簡単で直感的にわかる使用方法となっていること
④ 必要な情報がすぐ理解できること
⑤ うっかりエラーや危険につながらないデザインであること
⑥ 無理な姿勢や強い力なしで楽に使用できること
⑦ 接近して使えるような寸法・空間となっていること
（米ノースカロライナ州立大学ユニバーサルデザインセンター）

# インテリアの表現 I

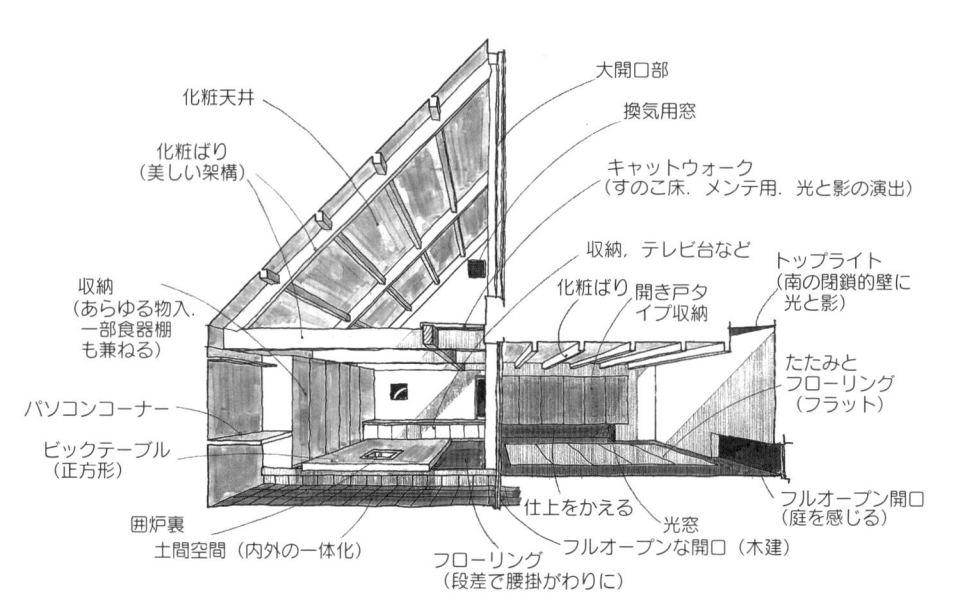

- 化粧天井
- 化粧ばり（美しい架構）
- 大開口部
- 換気用窓
- キャットウォーク（すのこ床．メンテ用．光と影の演出）
- 収納（あらゆる物入．一部食器棚も兼ねる）
- 収納，テレビ台など
- 化粧ばり
- 開き戸タイプ収納
- トップライト（南の閉鎖的壁に光と影）
- パソコンコーナー
- ビックテーブル（正方形）
- たたみとフローリング（フラット）
- 囲炉裏
- 土間空間（内外の一体化）
- 仕上をかえる
- 光窓
- フルオープン開口（庭を感じる）
- フローリング（段差で腰掛がわりに）
- フルオープンな開口（木建）

「中庄の家」横関正人：(有)ネオジオ

# インテリアを表現するには

**図面の役割**

住まいや建築物，そのインテリアといった，ある空間をつくっていく過程には，多くの人々が関わっています．それは，建築士・インテリアプランナー・インテリアコーディネーターなどの空間のデザインを考える人，大工・左官，各種設備・施工業者といった実際にその空間をつくる人，そして，その空間づくりを依頼する顧客（施主）といった人々です．

空間づくりをスムーズに進めるには，これら空間を考える人・つくる人・依頼する人の間で，「どういう空間をつくるのか」ということについて，正確な情報伝達が必要になってきます．そのコミュニケーションの一つの手段として，図面（図）が用いられています．

建築の一般的な設計図書（図面や書類）には多くのものがありますが，一般的にインテリアの表現には，平面図・展開図・天井伏図・家具図・部分詳細図・建具表（図）・設備図などの図面，仕上表・仕様書・見積書などの書類のほか，透視図（パース）・スケッチ・模型などが用いられます．また，これら以外のインテリアと直接関係の少ない図面についても，理解できる力は身につけておく必要があります．

**図面のルール**

前述したように，図面は情報伝達のための一つの手段として用いられます．したがって，そこには誰もが理解できるようなルールが必要です．

**図面**：図面は用紙の長手方向を左右方向に置いた位置を正位とします．図面の内側に輪郭をつける場合には，輪郭外の余白を 10mm 程度とし，輪郭をとらない場合でも図面の内側に同様の余白をおきます．

**図の配置**：平面図・配置図など方位に関連する図は，原則として北を上方に置きます．やむをえない場合でも，できるだけその方位を統一してあらわします．また，立面図・断面図など高さに関係した図は，上下方向を図面にあわせて表示します．

**尺度と縮尺**：尺度は，対象物の"実際の長さ寸法"に対する"原図に示した長さ寸法"の比で，1：1 より小さい尺度を縮

尺といいます．推奨されている尺度は表 I-1 のとおりで，インテリアでは 1：50 ～ 1：1 の尺度がよく用いられます．

表 I-1　推奨尺度（JIS ハンドブック 59）

| 類　別 | 推奨尺度 | | |
|---|---|---|---|
| 倍　尺 | 50：1 | 20：1 | 10：1 |
|  | 5：1 | 2：1 |  |
| 現　尺 | 1：1 | | |
| 縮　尺 | 1：2 | 1：5 | 1：10 |
|  | 1：20 | 1：50 | 1：100 |
|  | 1：200 | 1：500 | 1：1000 |
|  | 1：2000 | 1：5000 | 1：10000 |

**倍尺**
1：1 より大きい尺度
**現尺**
1：1 の尺度

**寸法とサイズの単位**　　寸法とサイズの単位は，原則としてミリメートル（mm）とし，単位記号はつけません．そのほかの単位を使用する場合は，その単位を記入します．また，日本の木造建築の場合，慣用的に"間（けん）"・"尺"・"寸"といった寸法単位が基本単位（モデュール）として使われることが多くあり，知っておく必要があります（p.14 を参照）．
1 間＝1,818mm（≒1,820mm），1 間＝6 尺，1 尺＝10 寸
表示例： 1,820，1.82m，182cm，910，0.91m，91cm

**線と文字・数字**　　線の種類は，原則として実線・破線・点線・一点鎖線・二点鎖線の 5 種類で，線の太さにも種類があります．その代表的なものを表 I-2 に示します．また，文字や数字は楷書体でていねいに書き込みます．

表 I-2　線の使い分け

| 線の種類 | 名　称 | 用　途 |
|---|---|---|
| 太い実線 | 断面線 | 壁や床など切断された面を表現する |
| 細い実線 | 外形線 | 対象物の外形の形状を表現する |
|  | 寸法線 | 寸法の記入に用いる |
|  | 引出し線 | 図面に文字などを書き込むために用いる |
| 破線 | かくれ線 | 対象物の見えない部分の形状を表現する |
| 細い一点鎖線 | 中心線 | 壁や柱など図形の中心を表現する<br>特に強調したい場合は太い一点鎖線を用いる |
| ジグザグ線 | 破断線 | 平面図における階段部分など対象物の一部を破った境界を表現する |

# 表現のいろいろ

**図面の種類**　　図面には多くの種類がありますが，その基本はあくまで縮尺に応じた大きさで「あるがままを描く」ということです．建築やインテリアでは，間取りや室内の様子，床や壁などの内部構造がよくわかるように，床や壁などを切って描く場合と，建築やインテリアを横や上・下，外側や内側から見た姿を描く場合があります．つまり，図面の描き方は，あるがままに「切って描く」か「姿を描く」の2種類しかありません．あとは縮尺によって，どこまで詳しく描くかの違いだけです．

**切って描く**　　切って描く図面には，切ったところの切口を描くとともに，切ったところから見えるものを表現することにも重点が置かれます．切り方には，地面に対して水平な面で切る場合と鉛直な面で切る場合があります．

　　**水平に切って描く－平面図・平面詳細図**
　平面図は各種図面の中でも最も重要なもので，計画から施工までの全過程においてなくてはならないものです（図 I-1）．水平に切る高さは，床面から 1 〜 1.5m が一般的で，表示する内容は，間取り・構造・建具や家具などの配置・平面寸法などがあります．

　平面詳細図は，平面図をより細かい部分まで描いた図面で，柱や壁などの構造体の種別と形状・仕上材の範囲・床面のレベルなどが表示されます．

　　**鉛直に切って描く－断面図・矩形図（断面詳細図）**
　断面図は，建物の各部を鉛直に切って描いた図面で，地盤面・最高部の高さ，軒の高さ，各階の床高，開口部の高さなどをあらわします．また，鉛直に切った切断面を平面図に表示します．

　矩形図は建物各部の標準的な高さを示すために，軒先を含む代表的な外壁部分を梁間方向に鉛直に切った図面です．土台や梁・桁などの横架材の位置と，断面形状，床・壁・天井・屋根の架構などが描かれます．

　断面図や矩形図は，各種の高さ方向の寸法構成や構造を知る

には欠かせない重要な図面で，建築のみならずインテリアの分野でも理解できる必要があります．

**1 階平面図（兼配置図）**

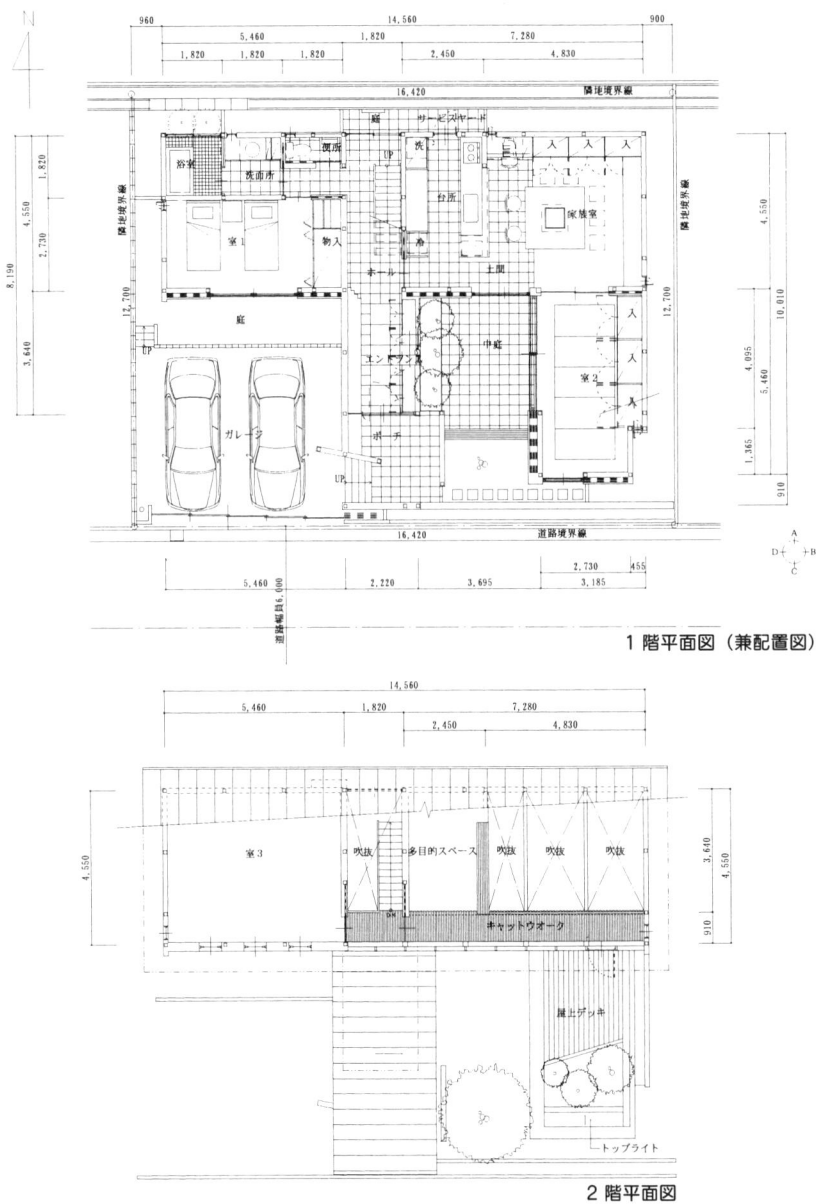

**2 階平面図**

図 I-1　平面図例（1/200）（「中庄の家」ネオジオ，2000）

**姿を描く**

姿を描く図面では，建築やインテリアをさまざまな方向から見たあるがままの姿を描き，その表面を描くことに重点が置かれます．見る方向によって以下のような種類に分かれます．

**横からの姿を描く**－立面図・展開図・軸組図

立面図は，建物を外部から見た姿（外観）を描いた図面で，通常，東西南北の4方向から描かれ，地盤面や開口部・外壁の主要仕上材などを表示します．特に，建物の正面（正面玄関側）の立面（ときには外観上重要なそのほかの立面も）をファサードと呼びます．

展開図は，建物内の各部屋を内部から見た姿を描いた図面（姿図）で，通常，4面の壁を描きます（図I-2）．壁の仕上げ・開口部・家具・幅木・回り縁・壁面にある機器類などを表示します．また，描く順序は時計まわりと決められており，平面図上にその展開方向を記入します（図I-1参照）．

軸組図は，土台・柱・梁・桁・筋違いなどから構成されている壁体の骨組を，横から見た姿を描いた図面で，地盤面や各部材の断面寸法などが表示されます．

**上からの姿を描く**－配置図・天井伏図・屋根伏図・床伏図

配置図は，敷地の形状，道路の位置と幅員，方位（基本は上方が真北），外構，造園計画などとともに，建物の位置を描いた図面で，1階平面図を兼ねて描かれる場合もあります．

天井伏図は，本来，天井を見上げた姿（下からの姿）を描く図面です．しかし，作図上の便利さや平面図などとの照合の便利さから，上方から見透かした姿，つまり裏返しの見上げ図として描かれるのが普通です（図I-3）．天井の仕上げ・回り縁・竿縁・カーテンボックス・照明器具や空調設備の取りつけ位置などが表示されます．

そのほか，上からの姿を描いたものには，屋根の形状を示す屋根伏図や床の構造をあらわす床伏図などがあります．

**3方向の姿を描く**－家具図

家具図は，造作家具や特注の置き家具の詳細を示す図面です．造作家具の場合は平面図・断面図・展開図などで，置き家具の場合は，正面・側面・平面の3方向から見た姿"3面図"を描くのが一般的です（図I-4）．

インテリアの表現 I  77

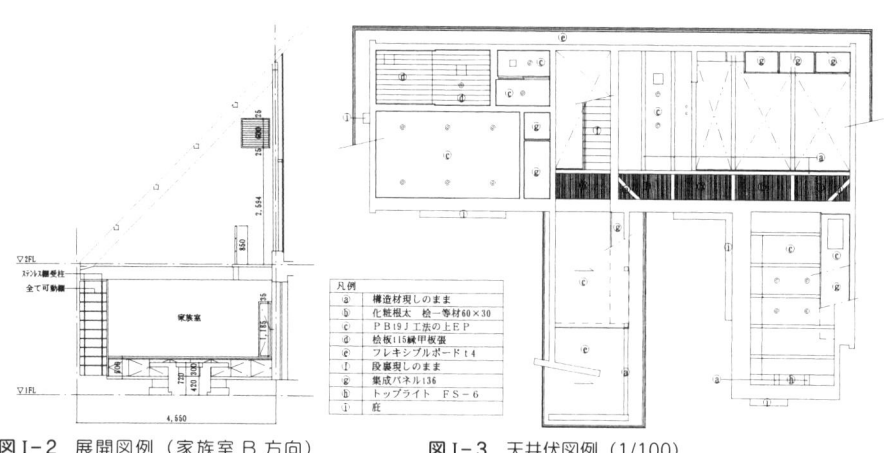

**図 I-2** 展開図例（家族室 B 方向）（1/150）（「中庄の家」ネオジオ，2000）

**図 I-3** 天井伏図例（1/100）（「中庄の家」ネオジオ，2000）

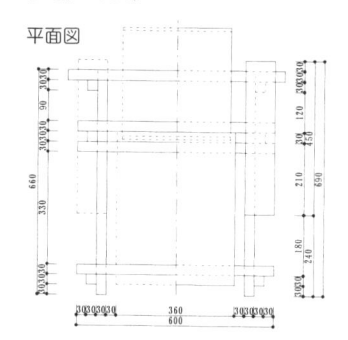

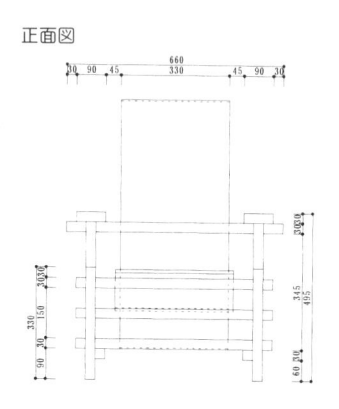

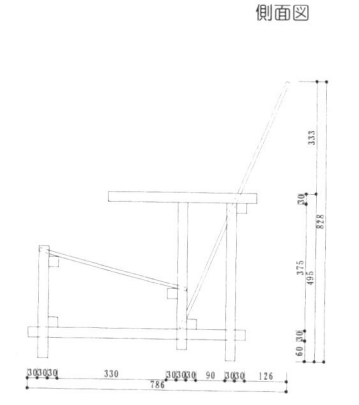

凡例
ⓐ 構造材現しのまま
ⓑ 化粧根太 檜一等材60×30
ⓒ PB⑲J工法の上EP
ⓓ 檜板t15縦甲板張
ⓔ フレキシブルボード t4
ⓕ 段裏現しのまま
ⓖ 集成パネルt36
ⓗ トップライト FS-6
ⓘ 庭

平面図

正面図

側面図

**図 I-4** 3面図例（Red & Blue: G.T.Rietveld）

**仕上表・仕様書**　　仕上表は，建物各部の仕上げを部屋ごと，床・壁・天井の部位に分けて，それぞれの下地・仕上材料・工法などを一覧表にまとめたものです．また，仕上げに塗料を使用する場合，その種類を明記する必要があります．

　　仕様書は，工事に対する設計者の指示のうち，図面ではあらわすことのできない点を文章・数値などで表現するもので，品質・成分・精度，製造や施工の方法，部品や材料のメーカー，施工業者などを指定します．

**建具表**　　建具表は，建具の仕様をその姿図とともに一覧表にしてまとめたもので，特に，現場にあわせてつくる建具については，寸法・材料・塗装・金物・ガラスなどの仕様を明確に記入しておく必要があります．

表 I-3　設備表記記号（JIS ハンドブック 9）

| 記号 | 名称 | 記号 | 名称 |
|---|---|---|---|
| ○ | 一般の天井灯 | ●₂ ●₂ | 壁付コンセント（2口） |
| ⊖ | コードペンダント | ●ₑ ●ₑ | アース付コンセント |
| CL | シーリングライト | ◉ | TV アウトレット |
| CH | シャンデリア | ● | 電話アウトレット |
| ◎ | ダウンライト | ◣ | 分電盤 |
| ▭ | 蛍光灯 | AC | エアコン |
| ◐ | ブラケット | ⊗→ | 換気扇 |
| ◁ | スポットライト |  |  |
| ● | 非常照明 | ⌀ | 給水栓 |
| (̇) | 引き掛けシーリング | ✦ | 給湯栓 |
| • | スイッチ | ✦ | 混合水栓 |
| •₃ | 3路スイッチ | ◁ | シャワー |
| ↗ | 調光灯スイッチ | ◉ | 排水口 |

## 設備図

住宅の設備図には，電気設備・給排水衛生設備・空調設備・ガス設備などがあり，その特徴として，機器や配線・配管などを表記記号（表I-3）を用いて表示する点があげられます．しかし，実務上では絶対的なものではなく，変更して使われる場合もあるので，図面内に凡例を表示しておくと親切でしょう．

**付表1　平面表示記号（JIS ハンドブック 9）**

| | | | | | |
|---|---|---|---|---|---|
| 出入口一般 | ⊐ ⊏ | 引込み戸 | ⊐━━━⊏ | 片開き窓 | |
| 両開きとびら | | 雨戸 | | 引違い窓 | |
| 片開きとびら | | 網戸 | | 格子付き窓 | |
| 自由とびら | | シャッター | | 網窓 | |
| 回転とびら | ⊗ | 両開き防火戸及び防火壁 | | シャッター付き窓 | |
| 折畳戸 | | 窓一般 | | 階段昇り表示 | |
| 伸縮間仕切（材質及び様式記入） | | はめごろし窓<br>回転窓<br>すべり出し窓<br>突出し窓<br>（開閉方法記入） | | | |
| 引違い戸 | | 上げ下げ窓 | | | |
| 片引き戸 | | 両開き窓 | | | |

備考　壁体は，構造種別によって**付表2**に示す材料構造表示記号を用いる

付表 2　材料構造表示記号（JIS ハンドブック 9）

| 縮尺程度別による区分 表示事項 | 縮尺 $\frac{1}{100}$ 又は $\frac{1}{200}$ 程度の場合 | 縮尺 $\frac{1}{20}$ 又は $\frac{1}{50}$ 程度の場合（縮尺 $\frac{1}{100}$ 又は $\frac{1}{200}$ 程度の場合でも用いてもよい。） | 現寸及び縮尺 $\frac{1}{2}$ 又は $\frac{1}{5}$ 程度の場合（縮尺 $\frac{1}{20}$、$\frac{1}{50}$、$\frac{1}{100}$ 又は $\frac{1}{200}$ 程度の場合でも用いてもよい。） | 縮尺程度別による区分 表示事項 | 縮尺 $\frac{1}{100}$ 又は $\frac{1}{200}$ 程度の場合 | 縮尺 $\frac{1}{20}$ 又は $\frac{1}{50}$ 程度の場合（縮尺 $\frac{1}{100}$ 又は $\frac{1}{200}$ 程度の場合でも用いてもよい。） | 現寸及び縮尺 $\frac{1}{2}$ 又は $\frac{1}{5}$ 程度の場合（縮尺 $\frac{1}{20}$、$\frac{1}{50}$、$\frac{1}{100}$ 又は $\frac{1}{200}$ 程度の場合でも用いてもよい。） |
|---|---|---|---|---|---|---|---|
| 壁　一　般 | | | | 割　　栗 | | 材料名を記入する。 | |
| コンクリート及び鉄筋コンクリート | | | | 砂　利　砂 | | 材料名を記入する。 | |
| 軽量壁一般 | | | | 石材又は擬石 | | 右材名を記入する。 | 石材名及び仕上の種類を記入する。 |
| 普通ブロック壁 | | | | 左官仕上 | | 材料名を記入する。 | 材料名及び仕上の種類を記入する。 |
| 軽量ブロック壁 | | | | 畳 | | | |
| 鉄　骨 | | | | 保温吸音材 | | 材料名を記入する。 | 材料名を記入する。 |
| 木材及び木造壁 | | 化粧材／構造材／補助構造材 | 化粧材（年輪又は木目を記入する）／構造材／補助構造材／合板 | 網 | | 材料名を記入する。 | ／メタルラスの場合／ワイヤラスの場合／リブラスの場合 |
| | | | | 板ガラス | | 材料名を記入する。 | |
| | | | | タイル又はテラコッタ | | 材料名を記入する。 | 材料名を記入する。 |
| 地　盤 | | | | その他の材料 | | 輪郭をかいて材料名を記入する。 | 輪郭又は実形をかいて材料名を記入する。 |

[インテリアの演出]

# 8

# 色彩と配色

　私たちの身のまわりには，食べ物から衣服，建物や空の色など，さまざまな色があふれています．インテリアに関していえば，壁紙の色一つで部屋の広さが違って見えたり，集中して作業に取り組める部屋になったりと，私たちが色から受ける影響は決して少なくありません．色の持つ性質を知り，効果的に使うことで，快適な空間を演出してみましょう．

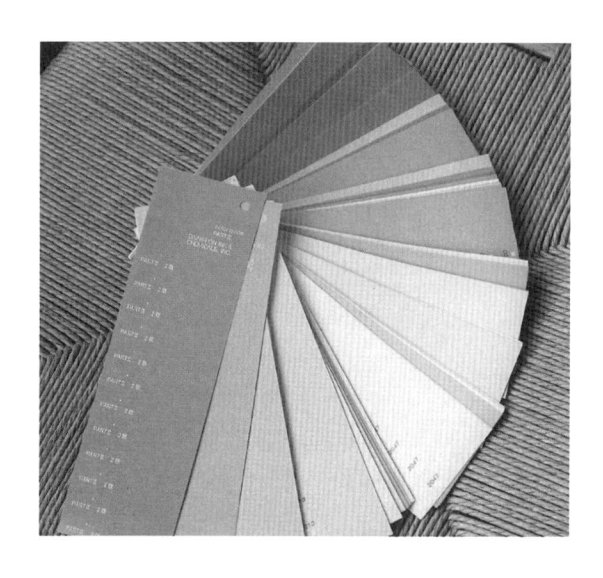

## 8.1　色の基礎知識

**光源色と物体色**

> 光と色の関係を初めて科学的に明らかにしたのは，引力の法則を発見したニュートン．

水銀灯やネオンサインなど，光源（光を自ら発するもの）に属しているように見える光の色を光源色といい，太陽の光などは自然光源と呼ばれます．太陽光には色がついていないように見えますが，実は色の集まりで，太陽光をプリズムに通すと虹のような色の帯（スペクトル）になります．例えば赤い物体が赤く見えるのは，物体にあたった光のうち長波長の赤スペクトルを反射または透過しそれが眼球に届いて赤く見えるためで，実際には物に色がついているのではなく，光が物にあたり反射または透過した色をその物の色として認識しているのです．これを物体色といいます（図8-1）．

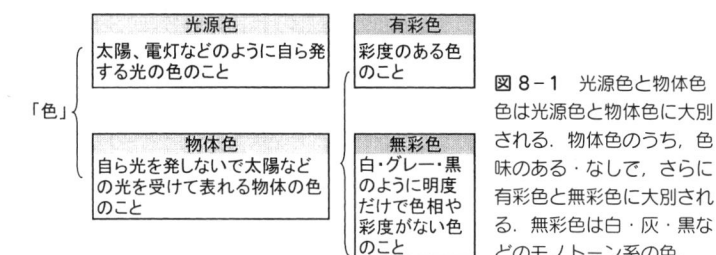

「色」
- 光源色：太陽，電灯などのように自ら発する光の色のこと
- 物体色：自ら光を発しないで太陽などの光を受けて表れる物体の色のこと
  - 有彩色：彩度のある色のこと
  - 無彩色：白・グレー・黒のように明度だけで色相や彩度がない色のこと

**図8-1　光源色と物体色**　色は光源色と物体色に大別される．物体色のうち，色味のある・なしで，さらに有彩色と無彩色に大別される．無彩色は白・灰・黒などのモノトーン系の色．

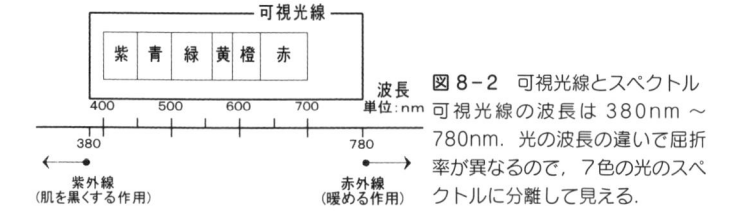

**可視光線**

> 太陽光線に含まれているのは，波長が連続的に変化するさまざまな光．

私たちの目に見える光，つまり可視光線（可視スペクトル）のうち，紫が最も波長が短く，紫よりも波長が短ければ紫外線となります．逆に最も波長が長いのは赤で，赤より波長が長ければ赤外線です（図8-2）．

可視光線：紫　青　緑　黄　橙　赤
波長 単位：nm　400　500　600　700
380　　　　　　　　　　　　780
← 紫外線（肌を黒くする作用）　　赤外線（暖める作用）→

**図8-2　可視光線とスペクトル**　可視光線の波長は380nm〜780nm．光の波長の違いで屈折率が異なるので，7色の光のスペクトルに分離して見える．

**光の三原色**

> カラーテレビの画像は、拡大すると、赤・青紫・緑の光の点の連続となっている。

赤みの橙（Orange Red），緑（Green），青紫（Violet Blue）を光の三原色といいます．それぞれの光を重ね合わせるほど明るくなり，三原色すべてが重なると白（透明）となっていきます．これを加法混色といいます（図8-3）．

**色の三原色**

赤紫（Magenta），緑みの青（Cyan），黄（Yellow）を色の三原色といいます．それぞれの色を混色するほど暗くなり，最後はグレーになっていきます．これを減法混色といいます（図8-4）．

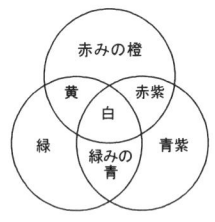

**図8-3　光の三原色**
加法混色の三原色は，減法混色の三原色と補色関係にある．

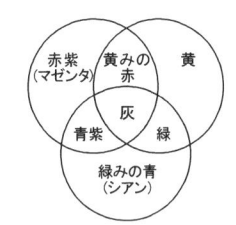

**図8-4　色の三原色**
この三原色を混ぜ合わせることで，さまざまな色をつくることができる．

**色の三属性**

人が見分けることのできる色はおよそ750万色ほどといわれますが，この膨大な数の色に色名をつけるのは不可能に近いといえるでしょう．ただ，いずれにしても膨大な数の色を整理し，把握しやすいようにする必要があります．色の分類に欠かせない要素である色相，明度，彩度の3つの性質を，色の三属性といいます（図8-5）．

| 色相(hue) | 明度(value) | 彩度(chroma) |
|---|---|---|
| 赤や青といった色味の違いを区別する名称のこと。これを環にして並べたものを色相環という。 | 明るさの度合いのことをいう。明度が高いとは、明るいということ。最も高いのは「白」最も低いのは「黒」 | 色味の強さの度合いのこと。同一色相の中で彩度の最も高い色、つまり最も色味の強い色を「純色」という。無彩色に彩度はない。 |

**図8-5　色の三属性**
明度の分類は無彩色を基準とする．ピンクと赤ではピンクの方が明度が高く，彩度が低い．

## 8.2 色の体系

**色相環**

色相を環にして並べたものを色相環といいます．このとき，隣りあった色を類似色，向かいあった色を補色といいます．

よく知られているのがマンセル色相環です（図8-6）．アメリカの美術教師 A.H.マンセルによって体系づけられたマンセル色相環で用いられる色相は，赤（R）・黄（Y）・緑（G）・青（B）・紫（P）の5色を基準色相として，その間に5色の中間色相，黄赤（YR）・黄緑（GY）・青緑（BG）・青紫（PB）・赤紫（RP）を加えて，全部で10色相を基本としています．

マンセル色相環のほかに，オストワルト色相環，P.C.C.S.色相環があります．オストワルト色相環はドイツの化学者オストワルトが作成したもので，黄・青・赤・緑の4色相をさらに3分類して，全24色相に分割したものです．P.C.C.S.色相環は，日本色彩研究所が作成した24色相の色相環です．

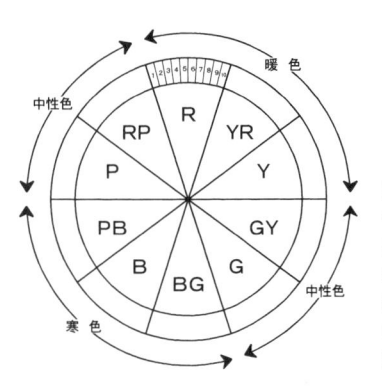

**図8-6 マンセル色相環**
それぞれの色相の中で，5番目にくる色がその色相の代表色となっている．マンセル表色系の表示方法は，有彩色は H.V/C（「色相」．「明度」/「彩度」）で表示される．

**色立体**

色の持つ性質，例えば色相がどのような順に並んでいるのか，明度や彩度はどの程度であるのか，といったことを模型のように立体的に把握できるように，色相・明度・彩度を三次元に配置したものを色立体といいます（図8-7）．色立体にも，マンセル色立体，オストワルト色立体，P.C.C.S.色立体があります．

8. 色彩と配色　85

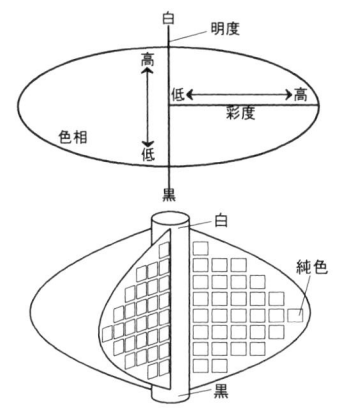

**図8-7　色立体のしくみ**
上：色立体の概念．明度を縦軸，彩度を横軸とし，その外周に色相環を配置する．
下：色立体．明度を中心に，少しずつ角度を変えて（色相を変えて）切った断面を配置すると，色立体ができる．

**表色系**　　　以上のような色の体系をもとにして，色に記号や番号をつけて整理したものを表色系といいます．マンセル表色系では，色相（Hue），明度（Value），彩度（Chroma）の3要素から，H.V/Cという形で表示します．

　また，マンセル表色系は日本ではJIS（日本工業規格）に採用されていて，マンセルシステムに基づいて作成された「JIS標準色票」があります．

**トーン表色系**　　色立体の断面図で先端にあるのは純色です（図8-7）．この純色に白を加えると少し明るくなり，純色より少し上の位置に配置されます．

　同様に，純色に灰色を加えてできる濁った色，黒を混ぜてできる暗い色などを色相板に配置し，トーン名を当てたものをトーン表色系といいます．

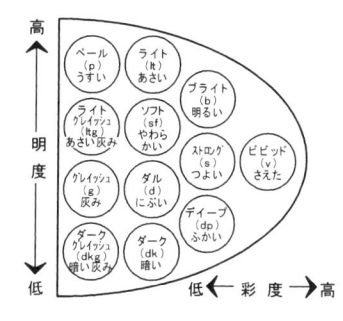

**図8-8　トーン表色系**
トーンとは，明度と彩度を同時にあらわしたもの．色相が異なっても彩度・明度が同じであれば同じトーンである．トーンのことを色調ともいう．

## 8.3 色彩の心理的効果

**色の感情効果**

　ヒトがものを判断する感覚（視覚，嗅覚，聴覚，触角，味覚）の中で，視覚からの情報が圧倒的に多いことが知られています．そして，目に入るものの中でも，色は重要な情報源といえます．

　私たちは，色を見たり色名を聞いたりしてある物を連想したり，あるいは嬉しい・寂しいなどといったある感情を伴ったイメージを持ちます．このように色が私たちの感情に直接働きかける効果を色の感情効果といいます．

　がっかりしたできごとがあった日には気分を高揚させるような色を使ってストレスを軽減させる，好印象をもたれる色を身につけて対人関係をスムーズにするなど，色の持つ心理作用を知り，色を効果的に使ってみましょう．

**色相とイメージ**

色の感じ方には個人差があるが，一般的に人は色に対して右表のようなイメージを持つと考えられる．いつも何気なく身につけている色によって，私達はどのような印象をもたれているのだろうか．

表 8-1　色相とイメージ

| 赤 | エネルギー，外交的，生命力，情熱的，活動的 |
|---|---|
| ピンク | 女性らしさ，平和，かわいい，優しい，甘い |
| 黄 | 明るさ，元気，開放感，楽しい |
| 緑 | 希望，成長，安らぎ，平和，さわやか |
| 青 | 清潔な，誠実な，平静，英知，忍耐 |
| 紫 | 高貴，優雅，神秘，伝統的 |
| 白 | 純潔，無垢，モダンな，清潔な |
| グレー | シックな，落ち着いた，静かな，渋い |
| 黒 | シャープな，モダンな，フォーマルな，落ち着いた |

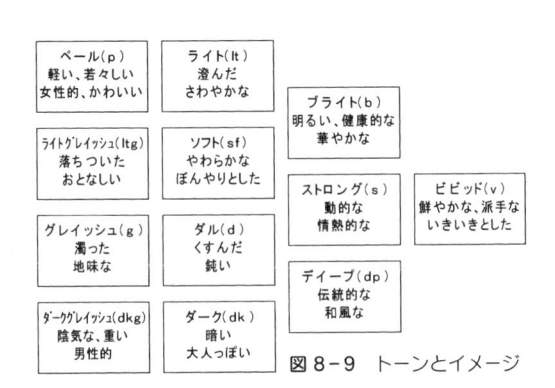

**トーンとイメージ**

色相は異なっても，彩度・明度が同じであれば同じトーンとなるため，似たイメージを持たれる．

ペール(p)　軽い，若々しい　女性的，かわいい
ライト(lt)　澄んだ　さわやかな
ブライト(b)　明るい，健康的な　華やかな
ライトグレイッシュ(ltg)　落ちついた　おとなしい
ソフト(sf)　やわらかな　ぼんやりした
ストロング(s)　動的な　情熱的な
ビビッド(v)　鮮やかな，派手な　いきいきとした
グレイッシュ(g)　濁った　地味な
ダル(d)　くすんだ　鈍い
ディープ(dp)　伝統的な　和風な
ダークグレイッシュ(dkg)　陰気な，重い　男性的
ダーク(dk)　暗い　大人っぽい

図 8-9　トーンとイメージ

## 8. 色彩と配色

**色彩と感覚**

イメージとは別に，色は感覚を左右するという効果も持っています．例えば，床には暗い色を使い天井には明るい色を使うと足元の安定感が増し，それによって空間に対する安心感も増大します．同じように，部屋の色彩に強い色を使うと集中力が散漫になり落ち着きにくくなり，淡い色で刺激を和らげると落ち着いて作業に取り組める空間ができます．

**寒色・暖色**

ある実験によると，同じ部屋でも壁紙の色を青くした場合と赤くした場合では，青くした部屋の方が約3度ほども気温を低く感じるといわれます．

青・青緑・青紫などは寒く（冷たく）感じる色で，寒色系といいます．一方，赤・橙・黄などは暖かく感じる色で暖色系といいます．また，寒くも暖かくも感じない，黄緑，緑，紫から赤紫にかけての色を中性色といいます．

青といってもいろいろな種類がありますが，ライトブルーはすがすがしくさわやかな印象を与えます．夏の時期には涼しく感じるので良いのですが，冬には寒々しく感じてしまうことになります．住まいの中に青系の色を取り入れるときは，季節によって色味の具合を調節すると良いでしょう．青が大好きで1年中青系の部屋にしたいという人は，濃いめの青（和室なら藍色，洋室ならネイビーブルー）にすると良いでしょう．

**膨張色・収縮色**

暖色系の色は大きく膨張して見えるので，膨張色ともいわれます．また，同じ位置にあっても前方に飛び出して見えます．一方，寒色系の色は収縮して見えるので収縮色といわれます．また同じ位置にあっても後退して見えます．

部屋を広くみせるならベージュがおすすめです．暖色系であれば何色でも良さそうですが，あまりはっきりした強い色合いを使うと神経が疲れてしまい，結果的に「落ち着かない部屋」になりかねません．部屋を広くみせ，その上ほっと落ち着ける空間にするには私達の肌の色に近いベージュがおすすめというわけです．

> 暖色系に分類される黄色は，光のスペクトルの中では最も明るく，光の屈折率が低いので，前方に大きく飛び出して見える．この性質を利用して，黄色は標識など，注意を呼びかける色として使われている．

**軽い色・重い色**

同じデザインのバックでも，黒か白かでは見た目の重さが異なります．黒のバックだと重く，白系のバックだと軽快で軽く

見えます．白は高明度，黒は低明度の色ということからもわかるように，色の軽重感には明度の高低が深く関係しています．

## 8.4　色の対比

**色の見え方**

物理的には同じ色なのに，その色が置かれている背景，隣に置かれる色や，その色を見る直前まで見ていた色などの影響で，色味の具合が違って見えることがあります．このように，二つの色が影響してその違いが強調されることにより，その色を単独で見た場合と違った色味に見えることを，色の対比といいます．色の対比には，色を同時に見たときの同時対比，時間的にずらしてみたときの継続対比のほかに，縁辺対比，面積対比などがあります．

**同時対比**

同時対比には，色の三属性から起こる色相対比，明度対比，彩度対比，補色対比がある．

表8-2　いろいろな同時対比

| | |
|---|---|
| 色相対比 | 色相差によって生じる対比のこと．色相の違う色を組み合わせたとき，注目している色が背景色の補色の色に少し近づいてみえる現象のこと． |
| 明度対比 | 明度差により生じる対比のこと．組み合わせた色の明度差が強調されるため，明度の高い色はより明るく，明度の低い色はより暗くみえる現象のこと． |
| 彩度対比 | 彩度差によって生じる対比のこと．組み合わせた色の彩度差が強調されるため，彩度の高い色はより鮮明に，彩度の低い色はより鈍くみえる現象のこと． |
| 補色対比 | 補色の関係にある色を組み合わせると，色相の違いが強調され，本来の色よりもより鮮やかにみえる現象のこと． |

**継続対比**

赤をみていた後にしばらく時間をおいて白を見ると，緑に見えることがあります．これは赤の補色である緑が残像としてあらわれたためで，このような現象を継続対比といいます．

**縁辺対比**

縁辺対比は，明るい色と暗い色が並んでいるときの色の境目に起こる現象で，明度対比の一種です．例えば白，灰，黒を並べておいた場合に，白の隣にある黒は明るく見え，灰の隣にある黒は暗く見えます．

**面積対比**

対比させる色の面積に関係して起こる現象のことで，面積の大小で色の濃淡が違って見えることを面積対比といいます．面積の広い色の方が強い効果を持ちます．

壁紙サンプルの中から「薄めの色を…」と選んだつもりが，

実際に壁に貼られると強い色になってしまってイメージが違ってしまう．これも面積対比を私たちが日常生活の中で身近に感じるケースといえます．このようなトラブルを避けるためにはできるだけ大きい面積で確認することが大切です．

## 8.5 配色と調和

**配色と調和**　　2色以上の色を並べて新しい効果を生み出すことを配色といいます．色の持つ良さを引き出すのもだめにしてしまうのも，配色次第といえます．また，私たちが色を見る場合単色だけで目にすることはまれで，常にほかの色とともに見ています．色の集合体として物や空間をとらえるとき心地よくバランスがとれていると感じる場合，色が調和しているといえます．

**色相配色**　　色相配色では色の三属性（色相・明度・彩度）の差をもとに，同一・類似・対照のバランスから配色を考えることが基本となります．

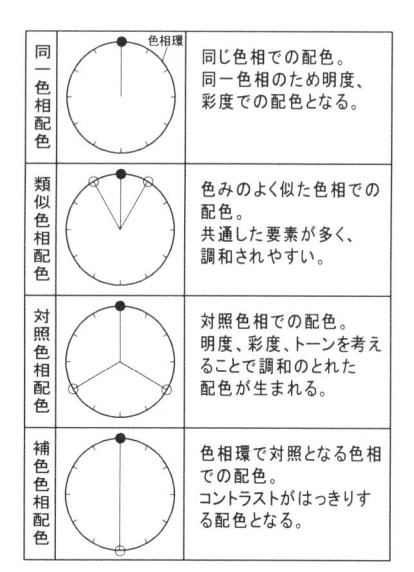

| | 色相環 | |
|---|---|---|
| 同一色相配色 | | 同じ色相での配色．同一色相のため明度、彩度での配色となる． |
| 類似色相配色 | | 色みのよく似た色相での配色．共通した要素が多く、調和されやすい． |
| 対照色相配色 | | 対照色相での配色．明度、彩度、トーンを考えることで調和のとれた配色が生まれる． |
| 補色色相配色 | | 色相環で対照となる色相での配色．コントラストがはっきりする配色となる． |

図8-10　色相による配色
使おうとする色が色相環の中でどのような位置関係にあるのかによって，いくつかの配色の考え方がある．

## トーン配色

たくさんの色を使って調和のとれた配色を行うには，同一トーンまたは類似トーンの概念が大切になります．近年は多色の時代ともいわれますが，そのため配色にも工夫が必要になっていて，色相配色に加えてトーン配色が重要となっています．共通性のあるトーンで配色することで，多色使いでも心地よい調和が可能になるのです．

### TOPICS

**♣配色用語**

| 用語 | 意味 |
|---|---|
| ベースカラー | 基準色ともいう．配色で最も面積の大きい色，あるいは配色イメージの中心となる色． |
| アソートカラー | ベースカラーに次いで面積の大きい色をいう． |
| アクセントカラー | 配色全体が単調な場合に使われる強調色のことで，配色全体を引き締める効果がある． |
| マルチカラーコーディネート | 3色以上の色を組み合わせる配色のこと． |
| ナチュラル・ハーモニー | ある物体が日に照らされると，日に当たる部分は黄みがかり，陰になる部分は青みがかって見える．自然の見え方に沿うように，黄方向に明るい色と青紫方向に明るい色を組み合わせた配色のこと． |
| セパレーション | 組み合わせる2色の対比が適当でない場合，その間に適切な色を配色することで調和をとる手法のこと． |
| グラデーション | 色の配色を段階的に変化させ配色すること． |
| レピテーション | 2色以上の色を一つの単位として繰り返し使うことで調和をとる手法のこと． |
| トーン・オン・トーン | トーンを重ねるという意味がある．同一，または隣接色相の濃淡配色のこと． |
| トーン・イン・トーン | 同一トーンで色相に変化をつけた配色のこと． |

[インテリアの演出]

# 9

# 採光と照明

自然光の特徴をとらえたり，窓やウインドウトリートメントの機能を知ることで，効果的に採光を得る手法を学びます．また，照明器具や光源などの照明計画に関する知識を深め，空間の雰囲気づくりに役立てましょう．

## 9.1 自然光による照明

**太陽の光を室内へ**

住宅への日当たりを確保することにより，採光・眺望・通風や紫外線による殺菌効果が得られることから，住宅内に太陽の光を採り入れることは必要不可欠となっています．

しかし太陽の光は，季節や時刻，天候によってその明るさや日照時間が異なるため，住宅に自然の光を採り入れる際には，自然環境の変化に応じて計画する必要があります．一般に，一日の日照時間が最も少ない冬至の日に 4 時間の日照が得られることが，住宅に最低限必要であるとされています．

このように変動する自然光は，常に安定した明るさを必要とする作業環境にとっては欠点となりますが，住宅においては，この自然の変化が生活にメリハリを与える意味で意義のある場合もあります．

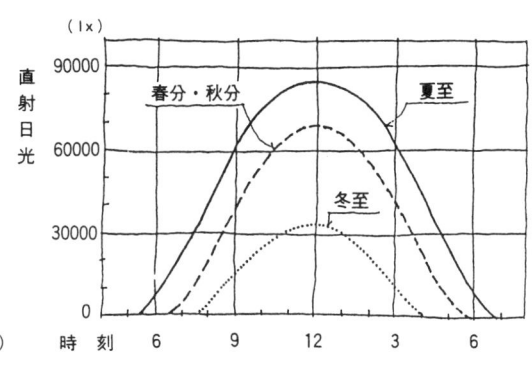

図 9-1 季節別の照度変化
(照明学会・照明普及会, 1999)

**窓の形態と位置**

住宅の光環境は，周辺の環境や窓などの開口部の条件に大きく左右されます．また，自然光の明るさや光色も変化するため，窓の向き（方角）や部屋の用途によって，適切な窓を設計する必要があります．

住宅において最も一般的な窓は側窓と呼ばれるものですが，部屋の形状によっては奥の方で明るさが不足することが欠点となっています．また，屋根部分に設けた天窓は，部屋に均一な明るさをもたらすこと，側窓の 3 倍の明るさを得られることなどの利点がありますが，雨仕舞いや，温熱的な問題について十分に検討する必要があります．

9. 採光と照明 | 93

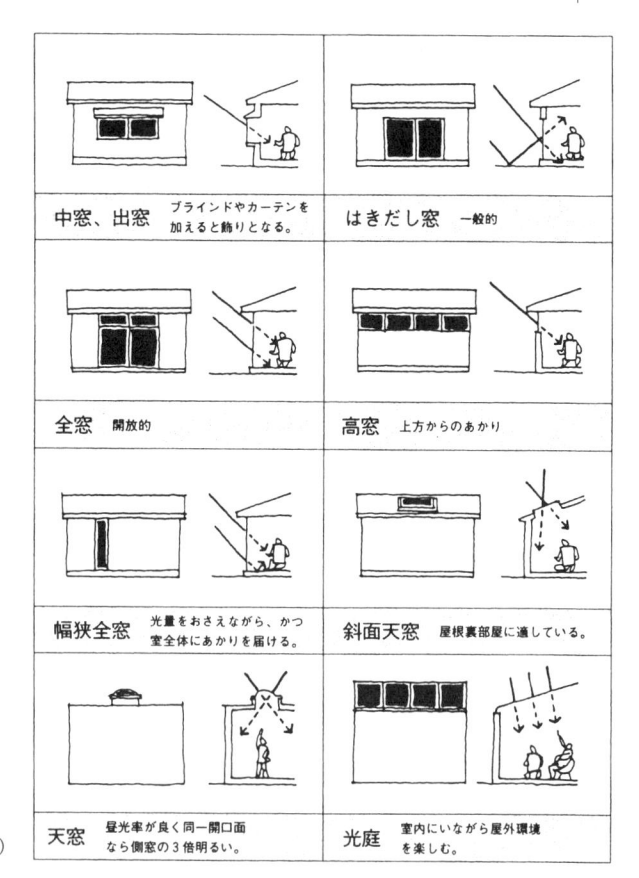

| | |
|---|---|
| 中窓、出窓 ブラインドやカーテンを加えると飾りとなる。 | はきだし窓 一般的 |
| 全窓 開放的 | 高窓 上方からのあかり |
| 幅狭全窓 光量をおさえながら、かつ室全体にあかりを届ける。 | 斜面天窓 屋根裏部屋に適している。 |
| 天窓 昼光率が良く同一開口面なら側窓の3倍明るい。 | 光庭 室内にいながら屋外環境を楽しむ。 |

図9-2 窓の形態と採光
(照明学会・照明普及会, 1999)

**採光の基準**

建築基準法では，建築物の種類，部屋の用途などによって，窓など開口部の大きさが決められており，住宅の居室においては1/7以上とされています．また同時に，採光を得るうえで有効となる開口部と敷地境界線との関わりも決められています．

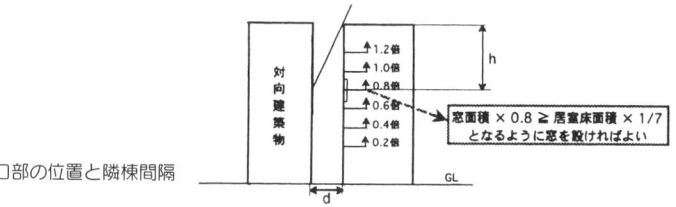

窓面積 × 0.8 ≧ 居室床面積 × 1/7 となるように窓を設ければよい

図9-3 開口部の位置と隣棟間隔

## 9.2 窓材とウインドウトリートメント

**窓の役割**

窓には，採光・通風・眺望などを得るという役割があります が，実際には，採光・通風・眺望のように室内に採り入れたい ものばかりではなく，夏の熱エネルギーや冬のすきま風のよう に，室内に採り入れたくないものもたくさんあります．また， 室内の私的な空間が室外から見られてしまうのも，プライバシ ーの問題上，好ましくありません．そこで，部屋の使用目的 や，在室者の好みに応じて，室外の光や熱を，あるときは採り 入れ，あるときは遮るために，窓ガラスの材質を変えたり，窓 にカーテンなどの装備（ウインドウトリートメント）を付加す るなどの工夫をしています．

このように，快適な部屋づくりのためには，建物の構造，窓 枠，窓の開き方や寸法がどうなっているかという点に加え，ど のような窓材・ウインドウトリートメントを用いているのか， 窓の外の環境はどのようになっているのかなどについても考慮 する必要があるのです．

**窓ガラスの材質**

一般に，住宅の窓材には透明ガラスが多く用いられていま す．透明ガラスは，室外の自然光や眺望を室内に採り込むこと ができるため，居間やダイニング，子供部屋など，多くの部屋 に用いられています．これに対して，浴室などの，室内の私的 な情報が室外から見られたくないような部屋では，すりガラス や型板ガラスなどを用いて，情報の流出を防いでいます．この ほかにも，すりガラスや型板ガラスには，光を和らげる効果も あります．

ほかにもさまざまな窓材が用いられています．集合住宅の高 層階の窓には，割れにくく，安全性の高い合わせガラスや強化 ガラスが適しています．また，ガラスが割れてしまった場合 に，ガラスの破片が飛び散ることを防ぐため，ベランダなどで は網入りガラスや線入りガラスが用いられています．室内の温 熱的快適を得るためには，外気温にできる限り左右されないこ とが重要ですので，複層ガラスを用いて断熱性を高めることも 効果的です．また，住宅ではあまり用いられていませんが，熱

線吸収ガラスや熱線反射ガラスも太陽光による熱を遮る働きをしています．

**ウインドウトリートメントいろいろ**　ウインドウトリートメントの主な役割は，日照調節，視界・視線の調節，断熱・保温などの熱的調節，吸音による音の調節，装飾などです．これらの機能が効果的に活用できるように，部屋の用途や雰囲気に応じて，カーテン，ブラインド，スクリーンなどを使い分けるとよいでしょう．とりわけカーテン

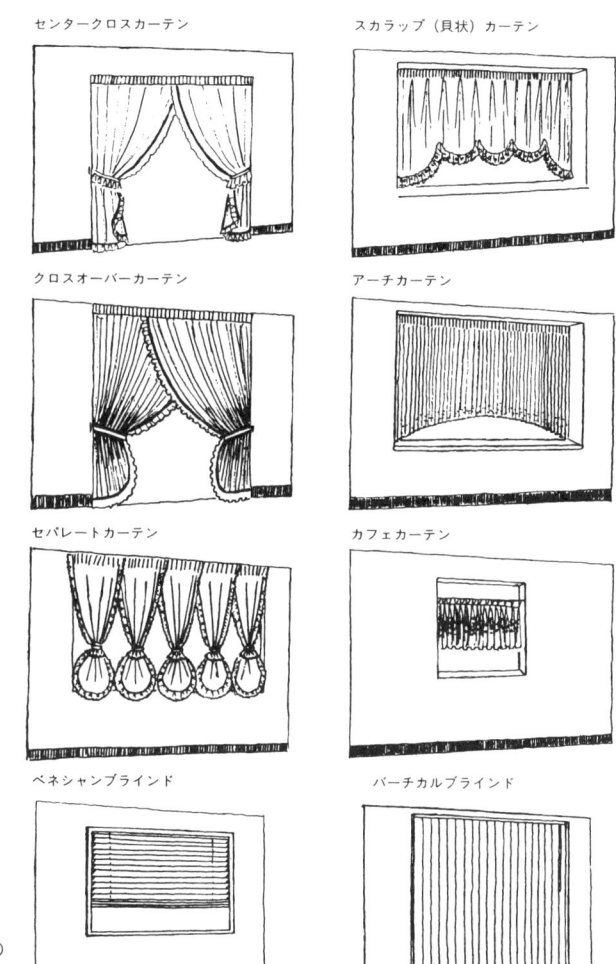

センタークロスカーテン　　スカラップ（貝状）カーテン
クロスオーバーカーテン　　アーチカーテン
セパレートカーテン　　カフェカーテン
ベネシャンブラインド　　バーチカルブラインド

図9-4　窓材の種類とその特徴(山本, 2001)

## 9.3 照明計画

**照明計画のポイント**　照明は，部屋で行うさまざまな作業の効率だけでなく，在室者の心理的効果にも大きな影響を与えます．したがって，照明計画においては，①室内でさまざまな作業を行う際，疲労感を感じさせない照明であること，②人が生活するうえで安全な照明であること，③照明の心理的効果をふまえた演出を行うことについて，十分考慮する必要があります．

**部屋に合った明るさ**　明るさをあらわす単位には，光源から出る光の量をあらわす光束（単位：ルーメン）や，光の強さをあらわす光度（単位：カンデラ），単位面積当たりの光束をあらわす照度（単位：ルクス）などがあります．それぞれの部屋に必要な明るさは，部屋の広さや部屋で行う作業内容などによって異なっていて，部屋に必要な照度の目安が，作業内容ごとに JIS で決められています．

**高齢者にやさしい光環境**　年齢を重ねるにしたがって，眼の機能も低下し始めます．眼の衰えは視力が低下するだけでなく，強い光をよりまぶしく感

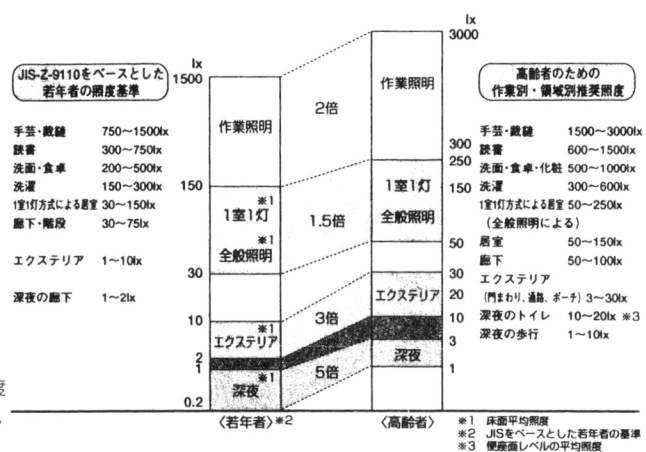

図 9-5
若年者と高齢者の推奨照度
（照明学会・照明普及会，1999）

じるようになったり，色の識別がやや困難になったりします．したがって，読書や手作業をするときには手元にスタンドを置いて，必要なところを十分に明るくすることや，電球がむきだしのものは避けて，乳白色のカバーをつけるなどの工夫が必要です．

**さまざまな照明器具**　照明器具は天井に設置されるものばかりではなく，壁に取りつけるブラケットや，床に置くフロアスタンドや，手元の明るさを補うために机上で用いられるデスクスタンド，安全性を向上させるために足元を照らすフットライトなど，さまざまなタイプがあります．

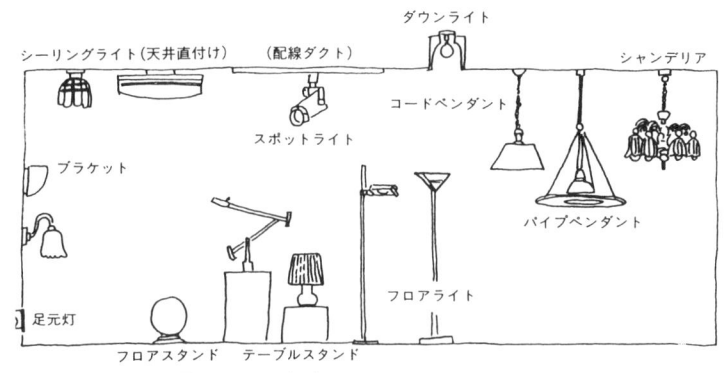

**図9-6** さまざまな照明器具（山本，2001）

**雰囲気をより効果的に演出するコツ**　照明器具は，その素材や形によって光の出る方向が異なります．照明器具から出る光が，どの方向にどのくらいの強さで出ているかを「配光」といい，5つのパターンがあります．使用

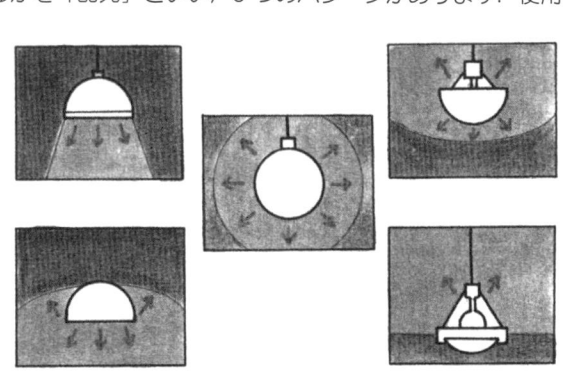

図9-7
配光の方式（暮らしを彩るあかりの本，1998）

する照明器具の配光を知り，照らしたい場所に効果的に光を当てることによって，より照明効果を高めることができます．

## 9.4　照明による空間の演出

**部屋の雰囲気づくり**　　照明の明るさや色と心理的効果との関係を考慮することで，住まい方に応じた快適な住宅をつくることができます．

　例えば，人の活動は照度が高いと活発になり，照度が低いとリラックスした状態になります．また，蛍光灯のような白い光のもとでは活発になり，白熱電球のような赤みを帯びた光のもとではリラックスした状態になるといわれています．

　住宅でよく用いられるランプには，蛍光灯と白熱電球の2種類あります．蛍光灯は，全体を均一に照らすので空間は単調なイメージになります．また，蛍光灯はエネルギー効率が良く電気代が安いので，長時間使用する部屋に適しています．一方，白熱電球は陰影がつくので空間に立体感が出ます．ただ，エネルギー効率が悪いため，比較的電気代が高くなる傾向があります．

**明るさと消費電力**　　照明器具の40W，60WなどのW（ワット）数は，明るさではなく，ランプの消費電力をあらわしています．同じW数でもランプの種類によって明るさが異なるため，必ずしも明るいほど電気代が高いとは限りません．同じW数の照明器具でも，白熱電球より蛍光灯の方が4～5倍明るいのです．つまり，蛍光灯は，少ない消費電力で明るくすることができるといえます．

**照明と色**　　蛍光灯は白っぽい光であるのに対し，白熱電球は赤みのある光というように，ランプの種類によって光の色味が異なります．この光の色合いをあらわす尺度を「色温度（単位：ケルビン）」といい，色温度が低いと赤みがかった暖かみのある光になり，色温度が高くなると，日中の太陽光のように白っぽい色になります．

　また，水銀灯の光のもとで，肌色が青ざめて見えたり，トンネルの中で，隣の人の顔色が変わって見えたりすることがあります．ある光で照らされた物の色の見え方を「演色性」とい

9. 採光と照明　99

い，基準の光で照らされたときの見え方を 100 とした場合の，各ランプで照らしたときの色の見え方を数値であらわします．数値が大きいほど，物の見え方は，自然光の見え方に近くなります．

|   | 長　所 | 短　所 |
|---|---|---|
| 蛍光ランプ | ・効率が高い．<br>・寿命が長い．<br>　6000h以上<br>・光色の種類が多い．<br>・ランプの表面温度が低い．<br>・陰影が強く出ない．<br>・部屋を均一に明るくする．<br>・明るくさわやかなイメージ． | ・安定器が必要．<br>・周囲温度により影響を受ける．<br>　5℃～35℃ |
| 白熱電球 | ・周囲温度の影響が少ない．<br>・電球が小型で軽量．<br>・調光が容易．<br>・色の見え方が良い．<br>・照らされたものに立体感が出る．<br>・暖かみのある落ちついたイメージ． | ・寿命が短い．<br>　1000h～2000h<br>・電球の表面温度が高い．<br>・効率が低い．<br>・電圧により寿命，光束が影響を受けやすい． |

|   | 形　状 | 一般名称 | ランプの主な特徴 | 代表的用途 |
|---|---|---|---|---|
| 蛍光ランプ |  | ラビットスタート形蛍光ランプ | スタータ（点灯管）なしで使用するランプ． | 店舗，事務所などの一般照明用． |
|  |  | スタータ形蛍光ランプ | 点灯するために，安定器及び点灯管と組み合わせて使用するランプ． | 住宅，店舗，事務所，工場などの一般照明用． |
|  |  | 細いタイプの蛍光ランプ | インバータ（電子安定器）点灯専用蛍光ランプ． | 住宅，店舗などのシーリングライト，スタンド等． |
|  |  | 電球形蛍光ランプ | 電球代替用として安定器を内蔵し，電球の口金付きの蛍光ランプ． | 住宅，店舗などのダウンライト． |
|  |  | コンパクト形蛍光ランプ | 発光管を細くし，ダブルU字型にしたコンパクトな蛍光ランプ． | 住宅，店舗などのダウンライト，ベースライト，ブラケット等． |
|  |  | コンパクト形蛍光ランプ | U字形にした発光管を2つ重ね合わせたコンパクトな蛍光ランプ． | 住宅，店舗等のダウンライト，屋外照明器具等． |
|  |  | コンパクト形蛍光ランプ | 発光管がU字形直管形蛍光ランプに比べ長さは1/2～1/3． | 主に店舗のベース照明． |
| 白熱電球 |  | 一般用電球 | ガラス球は拡散形と透明形がある． | 一般照明として住宅，店舗． |
|  |  | ボール電球 | ガラス球は球形で拡散形と透明形がある． | 住宅，店舗等． |
|  |  | 半反射形電球 | ガラス球頭部の内側にアルミ反射膜が蒸着されている． | 商店，ホテル，レストラン，劇場等． |
|  |  | 小型クリプトン電球 | 電球内にクリプトンガスを封入し，効率が向上した明るい電球． | 一般照明用から装飾照明用まで巾広く使われる． |
|  |  | シャンデリア電球 | ガラス球の形状がろうそくの炎形の電球． | シャンデリアやポーチ灯など装飾用に． |
|  |  | 反射形電球 | 背面への光を前方へ反射するように，後方がアルミ反射鏡． | 住宅，商店，工場，看板照明等に． |
|  |  | 熱線カット形PAR形ビーム電球 | 集光性がよく，熱線がカットされている． | 同　上 |
| ハロゲン電球 |  | 小型ハロゲン電球 | ハロゲン化物を封入し，ガラス黒化を防ぎ寿命の長い電球． | 店舗のスポット照明，ダウンライト． |
|  |  | ミラー付小型ハロゲン電球 | 電球と反射のためのミラーを一体化した電球． | 同　上 |

図 9-8　ランプの種類と特徴（照明学会・照明普及会，1999）

## TOPICS

### ♣食べ物をおいしく見せるあかり

　食べ物のおいしさを引き立てるためには，①食卓の上に十分な明るさがあること，②適度の陰影があること，③料理や食器を美しく見せるための演色性が良いことが必要となります．一般に，ハロゲン電球などの白熱電球は演色性が良いのですが，黄色味が強調されます．これに対して，電球にネオジウムガラスを使用したネオジウム電球は，演色性がやや低くなるものの，黄色を吸収し，赤色，緑色，青色などの素材の色を華やかに見せる効果がありますので，食卓の照明には最適でしょう．また，照明器具にはペンダントライトを使用し，食卓の 60～80cm 上方から照らすと，食卓がクローズアップされますので効果的です．大きく長いテーブルの場合は，小さめのペンダントライトを 2～3 灯配置すると，照度や陰影のバランスも良くなります．

### ♣顔を美しく見せるあかり

　下の二つの写真を見比べてみましょう．まったく別の顔のように見えますが，実は同じ能面なのです．光を当てる方向が違うだけで，こんなにも顔の見え方が変わってしまうのです．左の写真は斜め前上方から光を照らしたもので，右の写真は正面下方から光を照らしたものです．左の顔に比べて右の顔は，少し不気味であまり気持ちの良いものではありません．このように，光がどの方向から照らしているかで，人の顔の見え方は大きく変わってしまいます．一般的には，斜め前上方からのシェード越しの柔らかな光が，人の顔を美しく見せる光であると言われています．より美しく健康的に見せるためには，光を照らす方向を十分に考える必要があるのです．

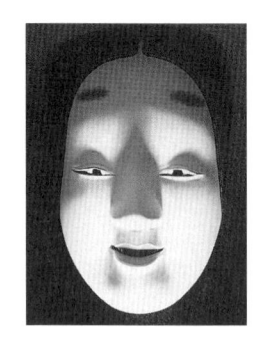

[インテリアの演出]

# 10
# インテリアの材料

空間の雰囲気は，内装や家具などに使われる材料と，その表面の素材感の演出によって大きく変わります．インテリアの材料は，コーディネートの視覚的なかなめであるといえます．また，空気や音など目に見えない生活環境や，安全のためのさまざまな法律と関連しています．この章では，いろいろな材料と，いろいろな仕上げの中から，環境と安全を考慮して，最も適したものを選ぶ「適材適所」について学びます．

インテリアの材料のいろいろ
（積水ハウス）

木目

[インテリアの演出]

## 10.1 インテリアの材料

**インテリアの材料**

建物に使用する材料はさまざまなものがありますが，大別すると構造材と仕上げ材になります．構造材とは，建物の躯体となるもので，荷重を支え，建物をしっかりと形づくる材料です．外部からの危険や建物自身の重さから内部の人やものを守る強度が重要です．「木造」「鉄筋コンクリート造」という場合の「木」「鉄筋コンクリート」が構造材にあたります．仕上げ材とは，建物の表面を覆うもので，生活の中で私たちが直接見たり触れたりするものです．傷がつきにくいこと，腐りにくいことなどのほか，視覚的な美しさや触覚的な柔らかさなどが求められます．仕上げ材は，装備する部位によって内装仕上げ材と外装仕上げ材に分けられます．内装仕上げ材はインテリアの材料として大きな面積を占めます．家具・建具の材料やインテリアファブリクスなどもインテリアの材料の一つです．

**内装仕上げ材**

仕上げ材は，構造材の上に直接装備されるとは限りません．構造材に直接貼ると不陸がめだつ場合などには，構造材と仕上げ材の間に下地材を用います．また，仕上げ材を装備する部位や用途によっては，塗装などの表面仕上げが必要です．

キッチンなど火を使う部屋では，使用することのできる材料が建築基準法によって制限されているため（「内装制限」，p.106 参照），材料の選択には注意が必要です．

> **不陸**（ふろく，ふりく）：平らであるべきものがデコボコしていること．平らなことは「陸（ろく）」．

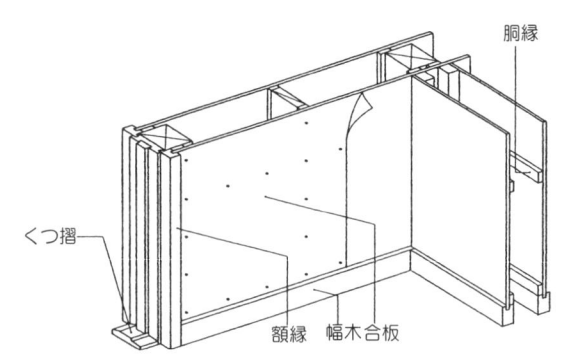

図 10-1　木造下地クロス張りの例（日本建築学会編，1995）

10. インテリアの材料

**家　具**

家具に使われる材料も，インテリアを構成する重要な要素です．家具はインテリアのスタイルを決定づけるものですから，その材料の選び方も重要なポイントになります．

**インテリア
　ファブリクス**

カーテン，クッション，テーブルクロスなどの布類を総称してインテリアファブリクスと呼びます．取り替えや洗濯が可能なので，インテリアコーディネートのアクセントとして，個性や季節感を演出するのに有効です．

図 10-2　インテリアファブリクス

**機能材**

構造材・下地材・仕上げ材と別に，機能材と呼ばれるものがあります．断熱材や遮音材などがそうです．構造材と仕上げ材の間に施工されるものが多く，快適な室内環境を保つためのさまざまな機能を持つものが開発されています．

図 10-3　断熱材

## 10.2　材料のいろいろ

**木・竹・紙・草**

伝統的な構法でつくられる建物は，その地域でよく産出する材料を用いています．日本では，木造の構造に，和紙の障子，い草の畳，萱葺き屋根などが用いられていますが，これらは，夏の多湿や冬の寒さに合わせた吸放湿性・断熱性に富んだ材料です．

最も多く用いられるのは木です．生木の時は水分を多く含んでいますが，建築や家具に用いるには，収縮による変形を防ぐために，伐採後に十分乾燥させることが必要です．乾燥させることによって強度も増します．水分の多い場所に木を使う場合には，腐れ・カビ・虫害などに対する注意が必要です．

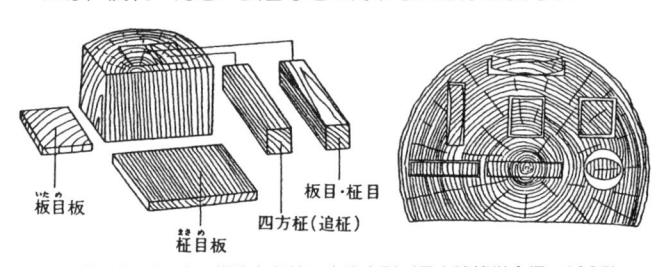

図 10-4　木の構造と収縮による変形（日本建築学会編，1995）

**土・砂・漆喰**

塗り壁は，木摺りや小舞などを下地にして，下塗り・中塗り・上塗りを重ねて仕上げます．土壁は，表面に近いほど粒子の細かい土を塗ります．中塗りに砂を混ぜると砂壁になります．漆喰壁は，消石灰を水で練ったものを塗ります．いずれも，乾燥硬化中の収縮によるひび割れを防ぐため，つなぎ材として，すさ（麻・わらなど）を用います．最近，自然の調湿機能への期待から，珪藻土を使った仕上げが注目されています．

**石**

石材は，古くは西洋のパルテノン神殿やピサの斜塔にも使われていますが，日本では地震が多いため構造材としてはあまり用いられず，薄板状の張り石を仕上げ材として利用しています．よく使われるのは，御影石（花崗岩）や大理石などです．大理石は磨耗・熱に弱いため，通行量の多い床や暖炉には向きません．

## 10. インテリアの材料

**セラミックス**　タイル・レンガ・瓦など，鉱物材料を焼成したものを総称してセラミックスといいます．高温で焼成するほど硬く緻密になり，吸水性が小さくなります．吸水性の小さいものは衛生陶器に使われます．一個ずつの大きさは伝統的な呼称による寸法の場合が多く，端や変形部位をおさめるものを役物といいます．

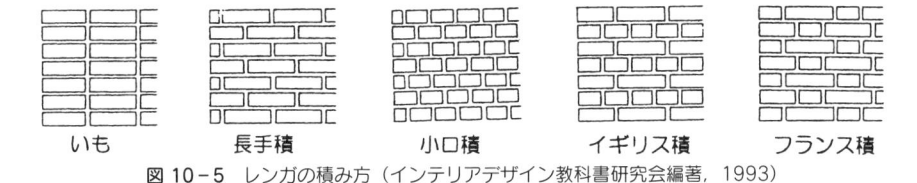

いも　　長手積　　小口積　　イギリス積　　フランス積

**図 10-5** レンガの積み方（インテリアデザイン教科書研究会編著，1993）

**ガラス**　ガラスには，一般的な窓に使われる透明板ガラスのほか，型板ガラス，ガラスブロック，網入りガラス，熱線反射ガラス，熱線吸収ガラス，強化ガラス，複層ガラス，合わせガラスなどがあり，求められる性能に応じて選択します．

**セメント・モルタル・コンクリート**　セメントペーストを固化するとセメント，細骨材を加えるとモルタル，さらに粗骨材を加えるとコンクリートになります．圧縮強度が高いので構造材によく使われます．最近はコンクリート打ち放しの仕上げも好まれるようになってきました．

**プラスチック**　熱可塑性樹脂と熱硬化性樹脂に大別されます．いずれも軽くて強度が強いことから，内装仕上げ材や家具材によく使われますが，火災時に有害物質を出すものもあります．ガラス繊維などで強化したプラスチック（FRP）は，いすや浴槽にも使われます．

**金属**　金属材料の大部分を占める鉄鋼は，構造材の代表的な材料です．非鉄金属のステンレスやアルミニウムは，吸水性がなく手入れも容易であるため，仕上げ材として流し台や窓サッシに使われます．ドアや窓の蝶番など，建築金物にも金属が使われています．

**布**　内装仕上げ材のほか，カーテンやソファにも用いられます．色や柄が豊富にあり，手軽に個性を演出するのに最適です．カ

ーペットの織り方には数種類あり，通行量などによって選択します．敷く際には，グリッパーを用いて床下地に留めます．

図10-6
カーペットの種類（インテリア産業協会，1997）

カットタイプ　　ループタイプ　　カット＆ループタイプ

## 10.3　材料に求められる性能

**安　全**

日常生活を行う室内に使う材料には，人間に優しいことが求められます．直接触れても皮膚や衣服を傷つけないよう，滑らかさと柔らかさが必要です．このほか安全性に関する法規として，材料や製品の品質に関してJIS・JAS，建物に関して建築基準法・消防法，建築施工に関してJASSなどがあります．JIS（日本工業規格）は工業製品を対象にした規格です．みなさんも一度は見たことがあるでしょう．JAS（日本農林規格）は木材や食品を対象にしています．建築基準法は守るべき最低基準を定めたもので，最近は仕様規定から性能規定に変わりつつあります．

**火災と「内装制限」**

建物における危険の一つが火災です．日常生活において火災を防ぐための心構えや動作・行動はたくさんありますが，建築基準法によって，火を使用する室の内装が定められています．これを「内装制限」といいます．住宅の場合は台所など，ホテルやデパートのように大勢の人が集まる場所の場合は室内や廊下などについて，内装を不燃材料・準不燃材料・難燃材料とす

表10-1　不燃材料・準不燃材料・難燃材料

| 不燃材料 | 準不燃材料 | 難燃材料 |
| --- | --- | --- |
| 通常火災による加熱開始から20分間，材料自体が燃焼せず，防火上有害な変形・溶融・亀裂などを生じず，避難上有害な煙・ガスを発生しない | 通常火災による加熱開始から10分間（以下同文） | 通常火災による加熱開始から5分間（以下同文） |
| コンクリート，レンガ，瓦，鉄鋼，アルミニウム，ガラス，モルタル，しっくいなど | せっこうボード（厚さ9mm以上，厚紙0.6mm以下），木毛セメント板（厚さ15mm以上）など | 難燃合板（厚さ5mm以上），せっこうボード（厚さ7mm以上，厚紙0.5mm以下）など |

る（規模や階数による）ことが定められています．構造材である鉄骨や鉄筋は，高温により耐力が極端に弱まらないよう耐火被覆をして用います．

**熱をさえぎる**　　快適な室温を保つには，外気の暑さや寒さを室内に入れないための断熱材が有効です．グラスウール，ロックウール，発泡ポリスチレンなどを，外気に接する壁・屋根・床に施工します．断熱性のないガラス窓は室内外の熱を通しやすいので，厚地のカーテンをかけることなどで対処します．

**湿気と結露を防ぐ**　　寒い日に室内を暖房すると，窓ガラスに水滴がつくことがあります．室内の温かい空気が窓ガラスの近くで冷やされて，結露したためです．ガラスは吸水性がないので水滴が下に流れて溜まり，周囲の木材などを腐らせる原因になります．同じ原理で，断熱を施していない壁体内で温度差があると，壁体内で結露します．これを壁体内結露といい，日常見えないところで部材を腐らせるため，注意が必要です．

**空気を汚さない**　　昨今問題になっているシックハウス症候群の要因の一つが，合板・集成材，壁装材に使われる接着剤や，虫害を防ぐ防蟻剤などに含まれる揮発性有機化合物です．特に新築の建物で揮発量が多くなります．断熱性・気密性の高い住宅では換気回数が少ないため，有害物質が滞留しやすくなります．

**生活音を伝えない**　　住宅で最もクレームがつくのが音の問題です．音には空気伝搬音と固体伝搬音があります．空気伝搬音は開口部から空気を通してもれるため，二重サッシにより遮音します．固体伝搬音

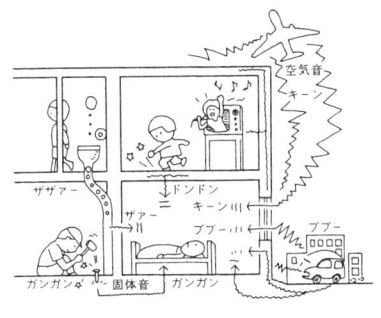

図 10-7
生活の中の音の発生源
（前川，1981）

は構造材を伝わります．食器を落とした際に出るような軽量衝撃音は柔らかいカーペットを敷く，子供の飛び跳ねのような重量衝撃音は床を二重にするなどの工夫が有効です．

**光を利用する**　　白っぽい色の仕上げ材は光を反射するので，室内全体を均等に明るい印象にします．逆に，黒っぽい色の仕上げ材は光を吸収するので，ダークな落ち着いた印象になります．部屋の用途によって，材料の素材感と色の相互作用を利用するとよいでしょう．

## 10.4　材料の見せ方・使い方

**材料の表面仕上げ**　　材料そのままでは，すぐに傷がついたり，湿気を吸収して腐ったりするなど，長く使いにくい場合があります．また，無垢材をより美しく見せたい場合もあります．そこで，材料の表面を保護するため塗装や研磨などの表面仕上げを施します．

表 10-2　塗料のいろいろ

| 種類 | 耐水性 | 耐候性 | 耐酸性 | 耐アルカリ性 | 用途 |
| --- | --- | --- | --- | --- | --- |
| 水性ペイント | ○ | ○ | △ | × | 内装用<br>コンクリート・モルタルに適 |
| 油性ペイント | ○ | ○ | △ | × | 肉厚で乾燥が遅い<br>コンクリート・モルタルに不適 |
| クリアラッカー | ○ | △ | △ | △ | 乾燥が早い<br>家具・内装の木部 |
| 油性ワニス | ○ | × | △ | × | 家具・建具の塗装 |
| エナメル | ○ | × | △ | × | 光沢よい<br>乾燥が早い |
| ラックニス | ○ | × |  |  | 木材用・光沢あり<br>素地を出す場合に使用 |
| オイルステイン | × | × |  |  | 木材の素地を出す場合に使用 |
| メラミン樹脂塗料 | ○ |  | ○ | ○ | 焼き付け塗装に使用 |
| 塩化ビニル樹脂塗料 | ○ |  | ○ | ○ | さび止め<br>コンクリート面の塗装 |
| 漆 | ○ | × | ○ | × | 床の間などの高級仕上げ<br>かぶれる場合がある |

石は，切り出したままではゴツゴツしているので，さまざまな方法で磨きます．のみ切り・びしゃん・サンドブラスト・ジェットバーナー・本磨きといった磨き方があり，それによって表面の質感が大きく変わります．

木は，塗料を使って表面を仕上げます．水をはじいたり，色をつけたり，耐久性・耐候性をもたせたりすることができます．用途や仕上げ方によってさまざまな塗料が用いられます．

そのほか，塗り壁では，柔らかいうちにローラーやコテで型をつけたり，塗料などを吹きつけたりして仕上げます．金属はさびないようにメッキを施します．

**材料の組合せ**

建築材料は一種類のみで用いられることはほとんどなく，別の材料と組み合わせて用いられます．

同じ種類の材料の組合せとして，木質では，薄板を張り合わせた合板や，コルク，集成材，ファイバーボードがあります．ファイバーボードは，圧縮する力によってでき上がりの強度が異なります．集成材はこれまでは仕上げ材としての利用が主で

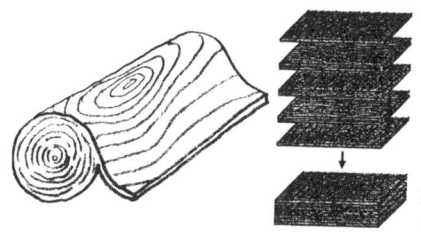

図 10-8　合板のしくみ
（建築資料研究社，1999）

表 10-3　木質系ボード

| 種類 | 特徴と用途 |
|---|---|
| 軟質繊維板<br>（インシュレーションボード） | 軽量で加工しやすい<br>壁・天井仕上げ |
| 中軟質繊維板<br>（MDF） | 壁・天井仕上げ |
| 硬質繊維版<br>（ハードボード） | 材質が均一で硬い<br>家具・壁下地 |
| パーティクルボード | 加工が容易<br>家具・ドア・内壁 |

したが，最近では，強度を高めて構造用に使うことも可能になっています．

異なる種類の材料の組合せとして，鉄筋コンクリートが代表的です．引張強度が高く圧縮強度の低い鉄鋼と，その逆の性質を持つコンクリートの長所短所を互いに補いあって，圧縮力にも引張力にも強い組合せとして大変多く用いられています．

**材料の施工**　　仕上げ材などを施工する際には，接着剤や接着金物を用います．薄板状の石やタイルの接着には，モルタルを用いる湿式工法と，金物を用いる乾式工法があります．湿式工法の場合は，施工後にモルタルが染み出るエフロレセンスに注意が必要です．ガラスを取りつける際には，割れないよう周囲にクリアランスをとります．

---

**TOPICS**

### ♣インテリアの材料と「シックハウス症候群」

「シックハウス症候群」は，目やのどの痛み・かゆみ，皮膚炎などを引き起こす化学物質過敏症の一つです．新築やリフォームしたばかりの住宅で発症する例が多く，大きな問題になっています．一生の夢と大金をかけた新しい住宅に入居した途端にさまざまな症状に悩まされ，数ヶ月もたたずに引っ越す例も出ています．

症状の原因として，揮発性有機化合物（総称，VOC）が考えられています．特にトルエン，キシレン，ホルムアルデヒドは揮発量が多く，人体に有害なものの代表例です．これらは，建材や家具材の接着剤，防腐剤，防蟻剤などに含まれており，施工後すぐが揮発量も多く，年月がたつにつれて少なくなります．

「品確法」（p.126 参照）の住宅性能表示制度に空気環境に関する項目が加わり，室内空気中のホルムアルデヒドなどの測定を要求することができるようになりました．新築住宅では，入居前などに，室内の化学物質を調べておくのもよいでしょう．ホルムアルデヒドは 30 ℃前後で揮発量が多くなる性質があります．これを利用して，入居前にあらかじめ室内を 30 ℃以上に加温してしばらく放置し，有害物質を放出させるベークアウトという手法もあります．

化学物質過敏症は，アレルゲンが体内に蓄積され一定量に達すると発症するため，アレルゲンを避ける生活をすることが重要です．新築やリフォームの際には，①構造・下地・仕上げを含めた建材の選択に注意し，②施工に使用する接着剤を吟味するとともに，普段の生活では，③通風や換気に留意した住まい方を心がけることが大切です．

[インテリアの情報]

# 11
# 住まいのリフォーム

住まいは,時間とともに傷んだり不具合が生じたり,老朽化していきます.また,ライフスタイルの変化によって,生活と住まいがあわなくなっていきます.だからといって,愛着のあるわが家を取り壊して新築したり,住み替えるのではなく,リフォームをして住みこなすことも大切です.建物の傷みやすい箇所はメンテナンスがしやすいように考慮してあることが重要で,最近ではリフォームの際に,環境や健康に配慮したり,施工の検討をすることも求められます.

リフォームのショールーム(日本壁装協会)

[インテリアの情報]

## 11.1 簡単なリフォーム

**壁紙を取り替えよう**

部屋の雰囲気を手軽に変えるには，家具の配置を変えたり，カーテンを掛け替えたりするのも一つの方法ですが，壁紙（クロス）の張り替えも有効な方策です．そのほかにも，DIYで住まいのリフォームをしてみましょう．

> **DIY**（Do It Yourself）
> 住まいと暮らしをより良くするため，自らの手で快適な生活空間を創造すること．簡単な日曜大工から，住まいの補修や改善まで．

**図 11-1 クロスの模様替え**
クロスは，汚れ具合にもよりますが，7年くらいで張り替えます．壁紙の必要量は3畳の部屋では 15 m分，6畳では 30 m分が目安です．

**21世紀のインテリアビジネス**

21世紀は新築の需要が減少し，インテリアビジネスは，買い替え，買い増し，貼り替えが中心になります．これからは，スクラップ＆ビルドではなく，リフォームして住みなれた建物に手を加えながら，長く住み続けるという視点も大切です．住まいの価値は，入居後あらゆる面で下がっていきます．住み手は住んでいく中で生じる問題を事前に理解し対応する必要があり，社会的にはメンテナンスやリフォームのしやすい住まいづくりが求められています．

**リフォームプランナー**

最近のリフォームや増・改築の傾向を知るためにも，リフォームのショールームを訪ねてみましょう．大手の住宅メーカーでは，最近リフォームの需要が増えてきているため，リフォームプランナーと呼ばれる専門家が対応してくれます．

## 11.2 リフォームと維持管理

**リフォームのいろいろ**

リフォーム件数のランキングで上位を占めるのは，①キッチンやバスルームなどの水まわりのリフォーム，②内装・外装のリフォーム，③間取りのリフォームです．簡単な部品の取り替えから，増・改築のように大掛かりなリフォームまで，さまざまです．

**部品・部材の更新〜
住宅性能の向上**

水まわりのリフォームでは，水栓器具の部品交換，床・壁仕上げの張り替え，部材の交換などが行われます．

また，新技術を導入して性能を高めて，住宅機能を付加するリフォームも行われます．マルチメディア対応，ホームオートメーション化，自然エネルギーの利用など，新しい住生活のニーズに応えたリフォームがあります．

**リフォーム工事**

> 維持：機能レベルの低下速度を弱めること．
> 補修：陳腐化した機能を竣工時のレベルまで回復させること．
> 改修：竣工時を上まわるレベルまで機能を高めたり，新たに付加すること．

さらに，増・改築のように設備工事や電気工事を必要とする場合は，建物の構造や施工など，いろいろな制約が生じます．新築時に将来のリフォームが想定されていないと，床や壁の内部の配線や配管の工事が難しくなります．

工事内容には，内装工事（内部意匠の仕上げ，断熱，防音），設備工事（電気設備，衛生設備，空気調和，防災設備），建具工事などがあります．

**維持管理**
（maintenance）

建物の性能を持続させるため，維持・補修のメンテナンスが必要です．定期的に建物を点検し，メンテナンスすることで，耐用年数を伸ばすことができます．

**耐用年数**

住宅の寿命は，木造住宅が 30〜40 年，RC 造住宅が 50〜70 年といわれます．建物には傷み具合の周期や使用の限界があり，これを物理的耐用年数といいます．しかし，建物は物理的耐用年数より前に建て替えられることが多く，住み手のライフステージの変化による機能的耐用年数や経済性などを反映した社会的耐用年数にも影響されます．

## 11.3　リフォームの事例－要因－

[水まわりのリフォーム]　―設備の老朽化―

住まいの中で最も多くの機能が集中する水まわりは，設備の老朽化，給配水管のトラブル，カビ発生などのため傷みやすい所です．排水口の掃除やシンク磨きなど，日頃のメンテナンスが欠かせません．また，水まわり設備の充実は住宅の快適さに結びつくため，リフォームの需要が高まっています．

**キッチンの　リフォーム内容**
システムキッチンの導入，食器洗い乾燥機の設置，浄水機の設置，ガスコンロの取り替え，電磁調理器への変更など．

図 11-2　システムキッチン（TOYO KITCHIN）
グッドデザイン受賞．
中小企業庁長官特別賞．

**機能的なキッチン**

設備の更新にあわせて，"使いやすいキッチン"へのリフォームを考えます．身長にあったワークトップの高さや，収納，ガスレンジの高さやコンロの数などを再検討します．

リフォームの目的と優先順位を決め，予算を考えながらリフォーム計画を進めることが大切です．

**浴室のリフォーム内容**
浴室乾燥機の設置，タイルの張り替え，床暖房，バリアフリーなど．

図 11-3　バスルームアクセサリー（Reliance）
毎日使うものだから，水栓器具やタオル掛けなどのデザインにも，こだわってみます．

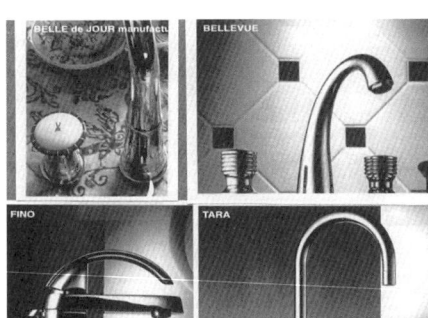

## [内装・外装のリフォーム] ―建物の老朽化―

内装・外装は，時間が経つと傷んだり汚れていきます．壁紙は，摩擦で傷ついたり，タバコの煙や電気製品の静電気などで汚れます．メンテナンスとして，専門業者に内装や外装の洗浄を依頼することも考えられます．最終的には，建物の老朽化に伴い一定周期で張り替えや塗り直しによるリフォームが必要となります．壁紙を替えただけでも，室内が明るくリフレッシュされ，建物のイメージは格段に向上します．

**図 11-4 内装（クロス）のリフォーム**
白い壁一面にせず，上下に分け，アクセントにボーダーを用いています．腰壁の部分を耐久性のある素材で仕上げれば，メンテナンスが容易です．

**室内汚染被害**

内装材の張り替えでは，室内汚染被害に留意します．新築やリフォーム時に，「刺激臭がする，目がチカチカする，頭痛や吐き気がする」などの症状を引き起こす「シックハウス症候群」が問題になっています．建材から発生する揮発性物質（VOC）の存在は，気密性の高い現代の住環境において無視できない問題です．

さらに，壁紙を張り替えると，かなりの廃棄物量が生じるため，リサイクルが可能な壁紙を利用するなど，環境への配慮も高まっています．

**健康志向と自然素材**

最近の健康志向にかなった壁装材として，珪藻土などが注目されています．珪藻土は海や湖に生息するプラクトンの死骸が永年にわたって堆積してできた土で，七輪や耐火レンガに利用されます．粒子内に無数の細孔を持つことから，保温・調湿・脱臭・吸音性に優れています．

## [間取りの変更や増築] —ライフステージの変化—

生活の変化に即した住まいを実現していくのが，ライフステージ別のリフォームです．一生を通じて，私たちの暮らし方や家族構成は変化します．新婚夫婦の生活，子供の誕生・成長・独立，老親との同居など，ライフステージの変化にあわせてリフォームし，住まいを有効に活用します．

**子供部屋のリフォーム**　子供の成長とともに，自立意識を高める配慮が必要です．子供が小さい間は広い部屋を遊びの空間とし，成長につれて部屋を間仕切り家具で仕切れるように，将来のことを考えて計画します．その際，入り口を2ケ所設けたり，窓の配置に気をつけたり，照明の配線やスイッチも別にしておきます．

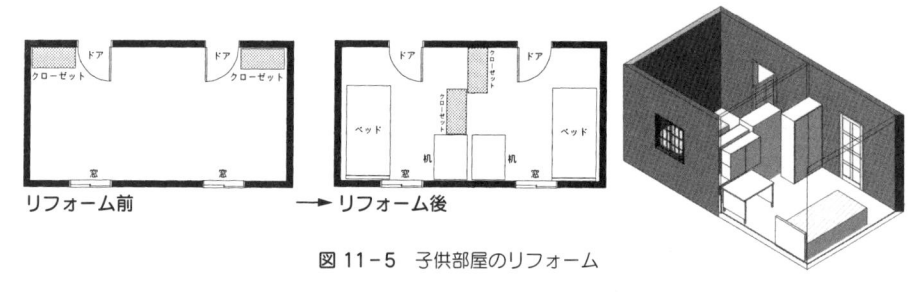

図11-5　子供部屋のリフォーム

**LDKのリフォーム**　キッチンでの作業を見直し，動線や調理スペースの広さ，食器や食品の収納などを検討して機能性を高めます．セミ・クローズドの対面式キッチンに変更するのも人気があります．ただマンションでは，シンクとレンジフードの移動は困難で，特に排水管・排気管を大幅に延長できないため，排水と排気の位置が変更しにくいといわれます．

ダイニングとリビングは，家族や友人が集まる場所として，広く設けたり日当たりが良くなるように，壁を取り払ったり，和室を洋室に変更することもあります．

**収納のリフォーム**　生活していく中で物が増えるのは，ある程度やむをえません．使い勝手の悪い押入れを思い切ってウォークインクローゼットにすると，収納の問題が解消できるかもしれません．

## 11.4 バリアフリー・リフォーム

**高齢化対応**　　高齢期に自立した生活を送るため，あるいは親と同居するために，高齢者・ハンディキャップ者に配慮したリフォームが行われます．リフォームの主な内容は，手すり・支え棒の取りつけ，不要な段差の解消，コールボタンの設置です．

手すりの設置では，壁や床の構造強度を検討します．体重を支えるために，下地の補強が必要な場合もあります．両側に手すりを設ける場合は，充分な通行幅が必要です．

住みなれた場所に長く住むための在宅福祉施策として，これらのリフォームには金銭面での公的支援があります．

図 11-6　階段や廊下の手すり
高齢者が居住する施設用にリフォームされた階段です．手すりが必要な箇所は意外な所にあります．

**フラット設計**　　車椅子での生活にあわせて，リビングから脱衣所・バスルームを，まったく段差のない設計にすることも可能です．

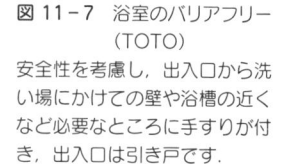

図 11-7　浴室のバリアフリー
（TOTO）
安全性を考慮し，出入口から洗い場にかけての壁や浴槽の近くなど必要なところに手すりが付き，出入口は引き戸です．

## 11.5　マンション・リフォーム

**マンションに永住する**　マンションでもリフォームが行われるようになりました．従来マンションは，戸建住宅を購入するまでの住まいと考えられてきましたが，住み続ける人も多くなり，建築年数の経過したマンションが増えています．老朽化に伴う大規模改修では，集合住宅であるための制約が多く，技術や管理方法など，検討課題がたくさんあります．

**インフィルリフォーム**　マンションライフをより充実させていく要望が高まっています．戸建住宅と違って増築できませんが，間取りを自由にリフォームして住みこなせるようになってきました．

建物をスケルトンとインフィルに分けることで，ライフステージやライフスタイルの変化による，住戸部分のリフォームが可能です．例えば，和室の用途変更，ゆったりとした LDK，趣味などのライフスタイルを反映させたスペースへのリフォームが行われます．

**SI 構法**　一方，「スケルトン（躯体）」は，耐用年数 100 年の構造にしたり，適切なメンテナンスを行います．建物の劣化を測るには，躯体や外壁のコンクリートの強度や中性化の診断，シュミットハンマー法，フェノールフタレイン試験，給排水の劣化

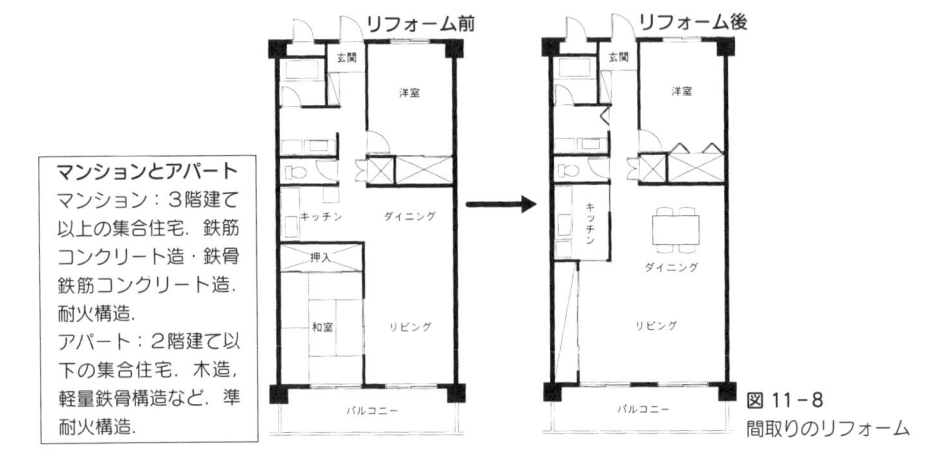

> **マンションとアパート**
> マンション：3 階建て以上の集合住宅．鉄筋コンクリート造・鉄骨鉄筋コンクリート造．耐火構造．
> アパート：2 階建て以下の集合住宅．木造，軽量鉄骨構造など．準耐火構造．

図 11-8　間取りのリフォーム

11. 住まいのリフォーム | 119

（赤水，漏水）などを点検します．また，維持管理の内容には，給配水管の定期的点検，外装の塗り直し，エレベーターなどの定期的メンテナンスがあります．

## 11.6　リフォームと施工

**改造できない壁**

間取りを変更するリフォームでは，間仕切りを取り払う場合がありますが，耐力壁や躯体部分の壁は改造できません．

特にマンションでは，区分所有法に記されているように，躯体は共用部分であるため，居住者が自由にリフォームすることができないのです（図6-6）．躯体以外の壁は，取り壊したり，新たに加えることができます．

**フローリングと防音の配慮**

床をフローリングに張り替えるときは，生活音が伝わりやすくなるため，遮音性の高い床材を選び，音に配慮します．また，住まいに趣味を反映させて，自宅でピアノを弾いたり，オーディオルーム，ホームシアターなどを設ける場合には，本格的な「防音ルーム」へのリフォームが行われます．床にコンクリートや防振ゴムを敷き，壁や天井の下地に遮音シートなどを貼り，気密性を高めます．窓をペアガラスにする工事も防音の効果があります．

**遮音等級**

遮音等級は，日本建築学会が「建築物の遮音性能基準と設計指針」の中で，重量床衝撃音，軽量床衝撃音，空気伝搬音など，性質の異なる音ごとに基準を規定している．床材の遮音等級はL-Noであらわされ，数値が小さくなるにつれて性能が高まる．

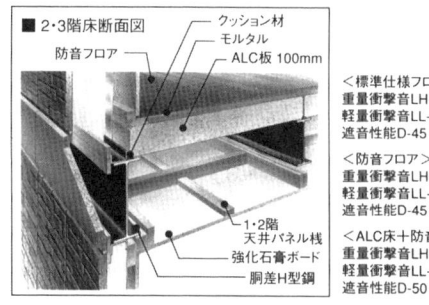

■ 2・3階床断面図
クッション材
防音フロア
モルタル
ALC板 100mm
1・2階
天井パネル桟
強化石膏ボード
胴差H型鋼

＜標準仕様フロア＞
重量衝撃音LH-75
軽量衝撃音LL-70
遮音性能D-45

＜防音フロア＞
重量衝撃音LH-75
軽量衝撃音LL-60
遮音性能D-45

＜ALC床＋防音フロア＞
重量衝撃音LH-65
軽量衝撃音LL-60
遮音性能D-50

**図11-9　防音のための床工法（大和ハウス工業）**

## TOPICS

**♣工事内容**
**増築**：既存の建築物の床面積が増加する工事．
**改築**：建築物の一部を除却または，建築物が災害によって一部焼失した後，引き続いてこれらと用途・規模・構造の著しく異ならない建築物を建てる工事．
**改装など**：内装の模様替え・屋根のふき替え・間取りの変更など，既存建築物の修繕・変更および模様替えの工事．

**♣マンションの区分所有**（区分所有法）
**専有部分**：独立した住居，店舗，事務所など．構造と利用の独立性があり，建物の用途として供される部分．
**共用部分**：専有部分以外．躯体，共用配管，配線，共用スペースなど．数戸の専有部分に通じる廊下や階段室．
（「建物の区分所有等に関する法律」（1962年制定，1983年改正）による）

[インテリアの情報]

# 12

# インテリアの仕事と関連法規

インテリアに関する仕事のうち，生活者に近い視点が求められるインテリアコーディネーターを例にして，仕事の内容を学びます．知っておかなくてはならない法律も紹介しています．この章では，知識を得るだけでなく，住まいをお客様のためにつくるにあたっての心構えを考えてみましょう．

キッチンの例（積水ハウス）

[インテリアの情報]

## 12.1　インテリアコーディネーターの仕事

**インテリアコーディネーターの仕事**

インテリアコーディネーターの仕事は，美しいインテリアのプランを企画作成することだけではありません．ビジネスとして成り立つためには，関連してさまざまな業務が必要です．日頃から，商品の最新情報や流行，市場や業界の動向などについて情報を収集しておきます．接客業務としては，顧客や施主を相手にヒヤリングやカウンセリングを行い，住まい方の希望や現状の問題点を調べます．そして，インテリアの計画をたて，仕上げや家具などを選択してコーディネートし，顧客や施主にプレゼンテーションします．何度も打ち合わせを重ねた後，プランが決定したら，契約，施工の手配となります．さらに，清算を行い，万が一クレームが生じた場合は誠意をもって対応します．また，顧客情報を整理しておき，次の仕事へのフィードバックに活かします．

**マーケティング**

一般に商品を売るにはさまざまな方法があります．安売りセールを行うことがありますが，価格を下げることで利益が少なくなるうえ，商品イメージを下げることにつながり，ビジネスとしては成り立ちにくくなります．価格を下げずに商品の価値を高めることで顧客の満足を得なくてはなりません．「商品を売る」だけでなく「満足を売る」ために，顧客や施主の求める本当のものは何か，常に調査・分析することがマーケティングなのです．マーケティングの手法を用いることで，売れるものを提案し，ビジネスとして成功させる可能性が高くなります．

**商品のライフサイクル**

商品の種類はたくさんありますが，多くの場合，共通した傾

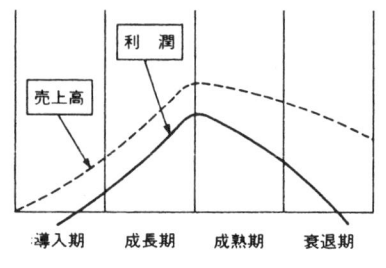

図12-1
商品のライフサイクル
(インテリア産業協会, 1997)

## 12. インテリアの仕事と関連法規 | 123

向をもって市場に出回っています．商品が市場に登場して撤退するまでのライフサイクルは，四つの段階に分けられます．

**購買心理を読む**　買い物をするとき，あなたはどんな心理になっているでしょうか．衝動買いする人もいれば，いつまでも悩む人もいます．あるものを買うときの顧客の心理変化のプロセスを整理したモデルに AIDA モデルがあります．①注意を引く（Attention），②興味をひく（Interest），③欲しくなる（Desire），④購入する（Action）の頭文字をとったものです．このほか，記憶する（Memory），確信する（Conviction），満足する（Satisfaction）を入れた AIDMA モデル，AIDCA モデル，AIDAS モデルなどもあります．

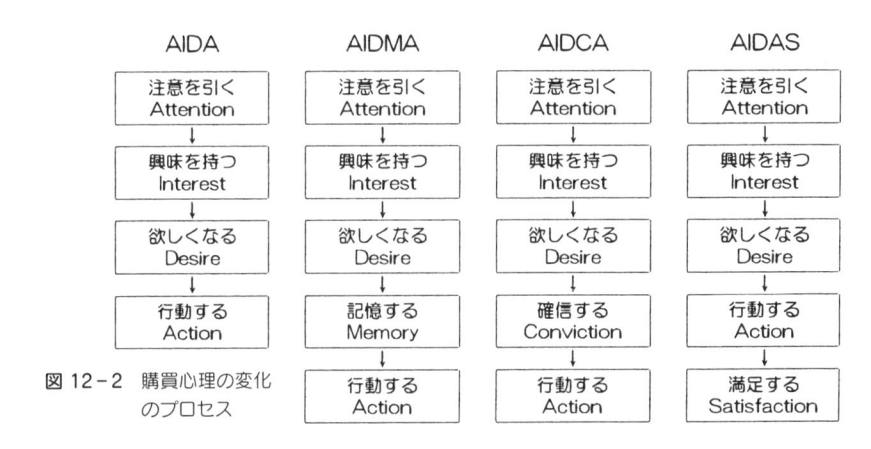

| AIDA | AIDMA | AIDCA | AIDAS |
|---|---|---|---|
| 注意を引く Attention | 注意を引く Attention | 注意を引く Attention | 注意を引く Attention |
| 興味を持つ Interest | 興味を持つ Interest | 興味を持つ Interest | 興味を持つ Interest |
| 欲しくなる Desire | 欲しくなる Desire | 欲しくなる Desire | 欲しくなる Desire |
| 行動する Action | 記憶する Memory | 確信する Conviction | 行動する Action |
| | 行動する Action | 行動する Action | 満足する Satisfaction |

図 12-2　購買心理の変化のプロセス

**マーケティングの常識**　顧客は本当は何を欲しているのでしょう．「柔らかいソファがほしい」のでしょうか．それとも「ソファでくつろぐ生活がほしい」のでしょうか？　多くの場合，後者でしょう．すると，ソファを置く部屋の様子や，利用する人の体型，くつろぎのスタイル，テレビなどとの位置関係，照明のバランスなど，いろいろなことを考えあわせてプランニングすることになります．「ソファをください」という言葉だけでなく，その裏にある本当の希望を理解してはじめて，心から満足してもらうインテリアコーディネートをすることができるのです．商品単体としての家具やカーテンを薦めるのではなく，トータルとしての住まい方を提案したいものです．

## 12.2 コンサルティングとは

コンサルティング

「ものを売るのではなく満足を売る」．これがマーケティングの基本であり，そのために，顧客の本当の希望を聞き出すことが必要です．しかし，顧客自身もその本当の希望に気づいていないことが多々あります．そこで注目されるのがコンサルティングです．

要求と問題の発見

まず，顧客との会話の中で顧客の希望・要求や，現在の問題点を聞き出します．顧客は素人ですから，いいたいことを正確に言葉にして伝えられるわけではありません．「こんな家にしたい」という漠然としたイメージから，プロであるインテリアコーディネーターが具体的なプランを提案するために，会話力と経験が必要です．聞き役に徹し，自分の好みを押しつけるようなことは避けなくてはいけません．また，金額が大きくなるため，顧客は予算をなかなかいいにくいものです．そこを正確に聞き出すために，顧客から信頼を得られるように心がけたいものです．信頼されることで，その後の提案はぐっとやりやすくなり，その後のクレームも少なくなるでしょう．

プランをつくる

顧客の希望を十分に聞き取ることができたら，次はプランを練る作業に入ります．顧客の希望に沿ってプランをつくりますが，いわれたとおりにやれば良い，というものではありません．良い提案をするためには，日頃から商品情報の収集，流行や業界の動向の把握，納品ルートや納期の確認を積み重ねることが大事です．また，予算を超えてプランをつくることは基本的にできませんが，顧客によっては，良いものであれば予算オーバーでも OK ということがあります．複数のプランを計画し，提案すると良いでしょう．

仕上げ材や家具材には天然の素材が多いため，色や模様が一定していないことがよくあります．見本やサンプルは，部屋全体に装備した際の印象がわかるような大きさのものを用意します．また，壁・天井仕上げ材やカーテンは，サンプルを手にとって見る距離と，実際に部屋に装備して見る距離が異なりま

## 12. インテリアの仕事と関連法規 | 125

す．したがって，模様などの見え方が違うので，選択には注意を要します．ショールームの照明と住宅の照明も異なる場合が多いので，部屋全体を想像してコーディネートすることが重要でしょう．

**プレゼンテーション**　プランができたら，顧客へのプレゼンテーションです．言葉で話すだけでなく，さまざまな設計図書を用いながら説明します．設計図書・パース，イメージ写真，生地サンプルを貼ったプレゼンテーションボードを作成するほか，模型やシミュレーション画像を用いることもあります．自分が話しながらも顧客の様子をよく見て，何に満足し何が不満なのか読み取ります．

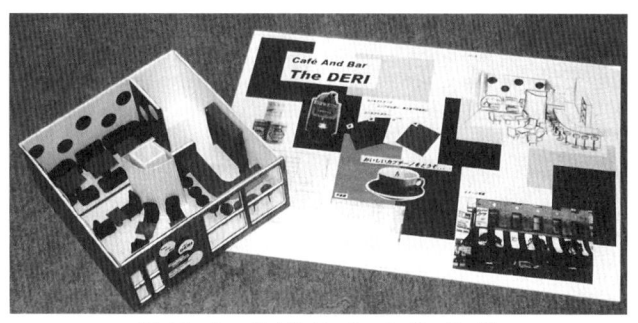

図 12-3　プレゼンテーションボードの例

**契約・実施**　顧客が納得するプランがまとまったら，契約を経て，プランを実施します．契約や実施に伴う書類には，契約書，請求書，領収書などさまざまなものがあります．現在は設計やインテリアデザインに対して対価を支払う慣習があまりありませんが，会社などに所属せずにフリーで働く場合には，設計料やインテリアコーディネート料を計上することも増えてきています．

プランの実施にあたっては，施工業者と打ち合わせて，工事の計画・仕上げ時期・設備や家具の搬入などの段取りをします．建築の仕上げ段階では多くの業者が出入りし，前後で連携して作業する場合が多くあります．一つの作業が遅れると，その後の業者の作業に影響しますので，工期の確認が重要です．輸入物の建材や家具の場合は，現地の状況などで搬入時期が大きくずれることもあります．輸送中の破損や，湿気によるカビの発生などもありますから注意が必要です．

## 12.3　関連法規とインテリアの資格

**関連法規**　　建築に関する法律は，建築基準法，消防法などがあります．建築基準法は「建築物の敷地，構造，設備および財産の保護を図り，もって公共の福祉の増進に資することを目的と」しています．消防法は，防火対象物の用途や規模に応じて消防用設備などの設置を義務づけています．建築の施工に関してはJASS（建築工事標準仕様書）があります．

平成12年（2000年）に施行された「住宅の品質確保の促進等に関する法律」により，住宅性能表示や瑕疵担保責任について制定されています．新築住宅について，取得希望者は住宅性能表示基準に基づいた評価を受けることができるほか，新築住宅の工事請負人や売主は，主要構造部にあった瑕疵について，引渡しから10年間その瑕疵を修補する義務を負います．

PL法は，製品の欠陥によって生命，身体などに損害を被ったことを証明すると，製造会社などに対して損害賠償を求めることができるとするものです．

品質保証を国際的に認定するものに，ISO9000（品質保証）やISO14000（環境保証）があります．グローバルスタンダードへの意識が高まり，認定を受ける企業が増えています．

契約に関しては，事業者の行為により購入者・消費者が誤認した場合，一定期間内であれば購入者・消費者は無条件で契約を解除できます．これをクーリングオフ制度といいます．

**工業製品・生活用品**　　工業製品や生活用品の品質の確保とコストの安定のため，さまざまな法規があります．工業標準化法に基づいたJISは広く知られており，工業製品の生産コストの低減，使用・消費の合理化などの役割を担っています．JASは，飲食料品や農林畜水産物から製造加工した農林物資の規格の成分，性能などの品質に関する基準と表示を定めたものです．

生活用品に関するものとして，家庭用品品質表示法があります．繊維製品や電気機械などについて，品質の表示を適正に行うことにより消費者の利益を保護するものです．また，消費生活用製品安全法の対象のうち住まいに関するものに，乳幼児用

ベッドや二段ベッドがあります．生命に危険が及びかねないもの，身体に障害を及ぼしかねないものの安全を保証するものに，それぞれSマーク，SGマークがつけられます．

図12-4 生活用品についているマーク

グッドデザイン・ベターリビング　　機能や安全だけでなく，審美性を評価するものに，グッドデザイン商品選定制度があります．わが国唯一の総合的デザイン評価・推奨制度で，グッドデザイン賞を受賞したものにはGマークがつけられます．また，質の高い住宅のための住宅部品として，ベターリビング部品に認定されたものにはBLマークがつけられています．

インテリアの資格　　インテリアの企画・設計・工事監理にたずさわるための資格としてインテリアプランナーがあります．建築技術教育普及センターが実施する試験に合格し，登録することで，資格が得られます．年齢や学歴により受験資格に制限があります．

　建築全般についての設計・工事監理には，一級建築士・二級建築士・木造建築士の資格が必要です．二級建築士・木造建築士は，扱う建築物の大きさなどに制限があります．国土交通省（一級）や都道府県（二級・木造）が実施する試験に合格し，登録することで，資格が得られます．学歴などにより受験資格に制限があります．

　高齢化社会に向けて注目されているのが，福祉住環境コーディネーターです．高齢者や障害者に対して住みやすい住環境を提案するアドバイザーで，1級～3級があります．

　色彩に関しては，カラーコーディネーター検定試験や色彩検定があります．感性だけでなく，理論や科学に基づいた色の調和を考え，空間の演出を実践的にアドバイスします．

　照明に関しては，照明学会が実施する通信教育により得られる照明コンサルタント・照明士の称号があります．明視性や演出を考慮した照明設計を行います．

## ♣インテリア・建築に関連する資格

| | 実施・認定 | 受験資格 | 試験日程 | 問い合わせ |
|---|---|---|---|---|
| インテリアコーディネーター | インテリア産業協会 | 制限なし | 一次：10月上旬<br>二次：12月上旬 | インテリア産業協会 |
| インテリアプランナー | (財)建築技術教育普及センター | 一次：22歳以上<br>二次：建築学科等認定された学科・コースを卒業し、2年の実務経験を経た者他 | 一次：10月下旬<br>二次：1月中旬 | インテリアプランナー協会他 |
| 一級建築士 | 国土交通大臣 | 建築学科等認定された学科・コースを卒業し、2年の実務経験を経た者他 | 一次：7月下旬<br>二次：10月中旬 | 都道府県建築士会 |
| 二級建築士 | 都道府県知事 | 建築学科等認定された学科・コースを卒業した者他 | 一次：7月上旬<br>二次：9月下旬 | 都道府県建築士会 |
| 木造建築士 | 都道府県知事 | 建築学科等認定された学科・コースを卒業した者他 | 一次：7月中旬<br>二次：10月中旬 | 都道府県建築士会 |
| 福祉住環境コーディネーター | 東京商工会議所 | 制限なし | 1級：一次11月,二次2月<br>2,3級：11月上旬 | 商工会議所 |
| カラーコーディネーター | 東京商工会議所 | 制限なし | S級：未定,1級：12月<br>2,3級：6月・12月 | 商工会議所 |
| 色彩検定 | (社)全国服飾教育者連合会 | 制限なし | 1級：11月中旬<br>2,3級：6月下旬・11月中旬 | (社)全国服飾教育者連合会 |
| 照明コンサルタント・照明士 | (社)照明学会（通信教育） | 照明コンサルタント：照明を勉強しようとする者他<br>照明士：照明学会員で照明の専門知識を有する者 | 照明コンサルタント：7月中旬開講<br>照明士：7月下旬開講 | (社)照明学会通信教育担当 |

TOPICS

# インテリアの表現 II

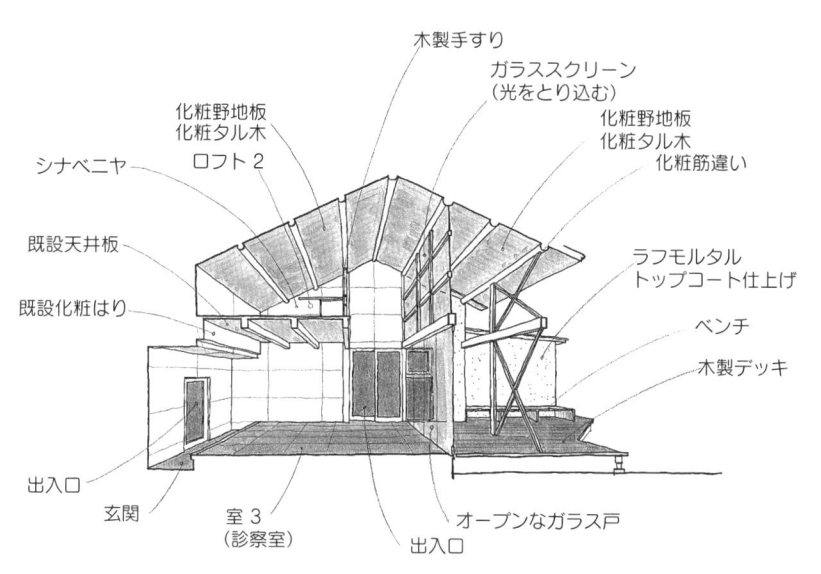

木製手すり
ガラススクリーン
（光をとり込む）
化粧野地板
化粧タル木
ロフト2
シナベニヤ
既設天井板
既設化粧はり
化粧野地板
化粧タル木
化粧筋違い
ラフモルタル
トップコート仕上げ
ベンチ
木製デッキ
出入口
玄関
室3
（診察室）
オープンなガラス戸
出入口

「玉出の家」横関正人：(有)ネオジオ

# インテリアを表現する

**立体的に表現する**　　インテリア空間をどれだけ詳しく平面図や展開図などで表現しても，それはあくまで 2 次元的な表現にすぎず，3 次元である実際の空間を十分に表現できているとはいえません．特に，一般の人には 2 次元的な表現だけでは空間を理解しがたいものです．ここでは，1 枚の紙の中に空間を立体的（3 次元的）に表現する技法について学びます．これらの図は正式な設計図書には含まれませんが，簡単に空間がイメージでき，設計者が空間を検討したり，顧客に伝えたりする時にきわめて有用なものです．

**投影図法**　　空間を立体的に表現する方法に投影図法があり，大きく，平行投影法と透視図法に分かれます．代表的なものとして，平行投影法には，家具の表現に用いられる第 3 角法や軸測投影法（アクソメ図・アイソメ図）が，透視図法には，平行透視図法（1 消点透視図）・有角透視図法（2 消点透視図）・斜透視図法（3 消点透視図）があげられます．

**軸測投影法**　　軸測投影法は，空間の 3 方向のスケール寸法を活かしたまま，3 次元の情報を表現する図法で，アクソメ図（アクソノメトリック図）とアイソメ図（アイソノメトリック図）があります．後述する透視図のように遠近感は出せませんが，比較的その作図法が簡単なので，インテリアの表現にもよく用いられています．

　　**アクソメ図**：アクソメ図は，平面をそのままに任意の角度（30°，60°が一般的）に傾けて描き，高さを立ち上げて描きます．平面の形が変化しないので作図としては手軽ですが，立体的な見え方としてはやや不自然さが残ります（図Ⅱ-1）．

　　**アイソメ図**：アイソメ図は，幅・奥行き・高さそれぞれの角度が 120°になるように傾けて描いた図（底面が水平面に対して 30°）で，平面が変形するので作図がやや複雑になりますが，アクソメ図より見え方が自然になります（図Ⅱ-2）．

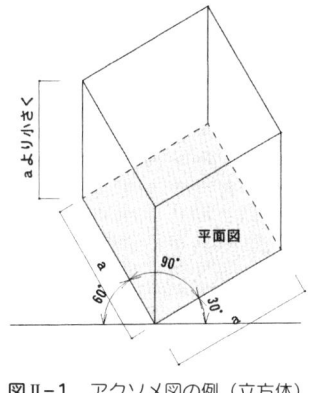

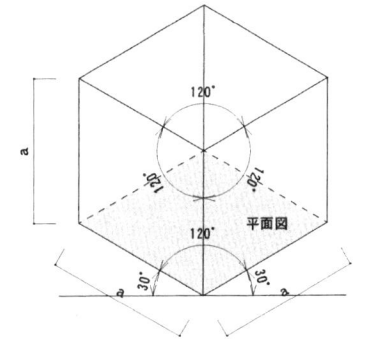

図Ⅱ-1　アクソメ図の例（立方体）　　図Ⅱ-2　アイソメ図の例（立方体）

**透視図法**

　人間の目には，近くにあるものは大きく見え，遠くにあるものは小さく見えます．この性質を利用したものが遠近法（パースペクティブ）で，これにしたがって描かれた図が透視図（パース）です．前述のアクソメ図やアイソメ図と比べて作図には手間がかかりますが，より自然な空間表現が可能になります．

表Ⅱ-1　透視図に使われる記号一覧

| | |
|---|---|
| E.L.（Eye Level） | 視点の高さ |
| E.P.（Eye Point）またはE | 眼の位置 |
| V.C.（Center of Vision） | 消点 |
| V.P.（Vanishing Point） | 視心 |
| G.L.（Ground Line） | 基線 |
| S.P.（Standing Point） | 停点<br>（観測者の立つ位置） |
| P.P.（Picture Plane） | 画面 |

**平行透視図法**
（1点透視図法）

　平行透視図法では，画面から遠ざかる方向のみに遠近感が出て，それ以外の方向では大きさは変化しません．したがって，不自然な立体に表現される場合もありますが，あまり大きなものでなければそれほど問題ではなく，インテリアの描写にはよく使われます．消点が一つで，かならず描く紙の上に置かれるので作図は比較的容易ですが，構図が単調になりがちなので，消点の位置や高さのとり方に注意が必要です．

**平行透視図法の作図手順（立方体）**

① GL上に立面図，PPに平行に平面図を描く．SPのPPからの距離は任意であるが，立面の高さの2〜3倍がよい．SPからPPに垂直線を引き，HL（任意にとる）との交点をVCとする．

② GL上に正面図ADEF（実長）を描き，各点とVCを結ぶ（この収束線をパースラインという）．

③ 平面図のABCDとSPを結ぶ線を引き，PPとの交点a, b, c, dを求める．

④ おのおのの交点より垂直線を下し，パースラインとの交点 $a_1, b_1, c_1, d_1$ および $a_2, b_2, c_2, d_2$ を求める．

⑤ これらの点を結ぶと立方体の透視図ができ上がる．

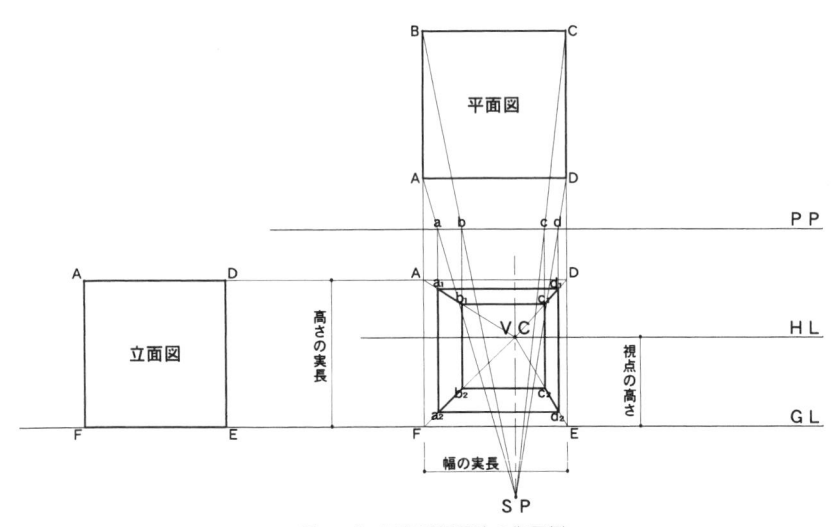

図Ⅱ-3　平行透視図法の作図例

インテリアの表現Ⅱ | 133

**有角透視図法**
（2点透視図法）

有角透視図法では、画面の奥行き方向ばかりではなく、左右方向にも遠近感が出るため、より自然な立体感が表現できます。しかし、消点が二つになると、作図に必要なスペースが大きくなり、作図も複雑になります。また、消点のとり方によっては、遠近感が強調されすぎた不自然なものになる場合があるので注意が必要です。

**有角透視図法の作図手順**（立方体）
① GL上に立面図、PP上に平面図に角度を持たせて描く（角度 $\alpha$, $\beta$）。
② 平面図とPPとの接点Aから垂直線を下し、SPを定める。
③ SPから平面図のAB, ADに平行な線を描き、PPとの交点を求め、それぞれからHLに下した垂直線との交点 $VP_1$, $VP_2$ が二つの消点となる。
④ A–SP上に高さの実長 $a_1$–$a_2$ とり、$a_1$–$a_2$ と $VP_1$, $VP_2$ とを結ぶパースラインを描く。
⑤ 平面図上の点B, C, DとSPを結び、PPとの交点b, c, dを求める。交点b, c, dから垂線を下し、パースラインとの交点 $b_1$, $c_1$, $d_1$ および $b_2$, $c_2$, $d_2$ を求める。
⑥ これらの点を結ぶと立方体の透視図ができ上がる。

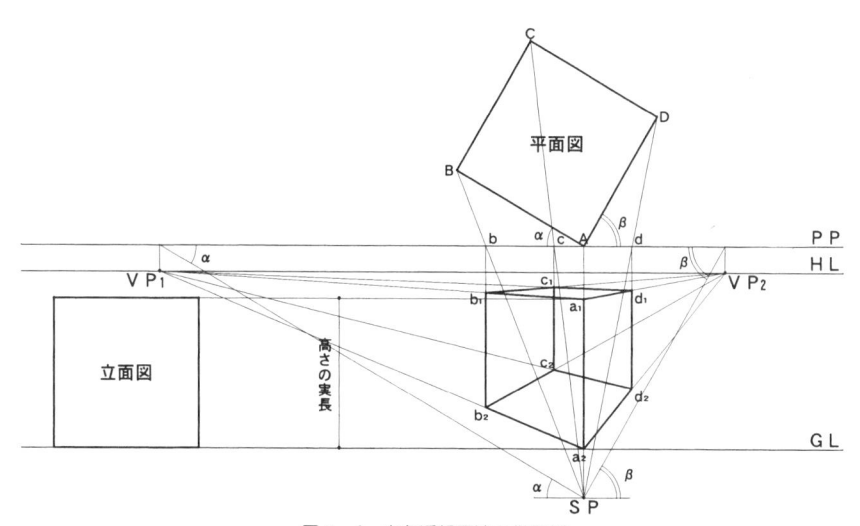

図Ⅱ-4　有角透視図法の作図例

## パースグリッド 1 ── 床を描く

### i．グリッドのつくり方　間口6m・奥行6mの床

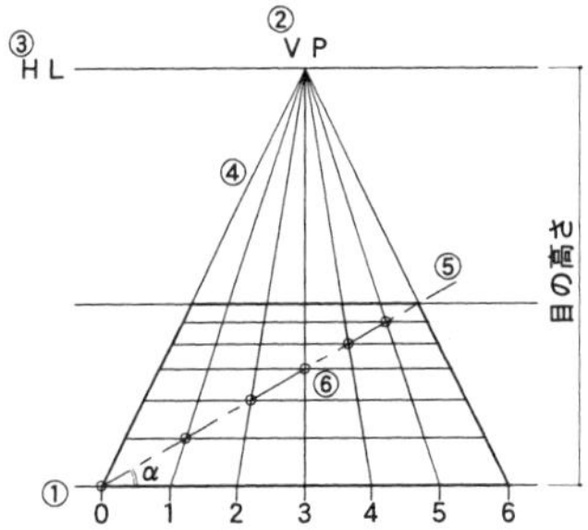

【作図手順】
① 下方に目盛をとる（0〜6）
② 目の高さに水平線HLをとる
   （間口と同じ高さにとった）
③ HL上にVPをとる
   （正面から見る場合は中央に）
④ VPと0〜6の各点を結びパースラインを描く
⑤ 対角線を描く（αが大きいと近づいて小さいと遠のいて見える）
⑥ 対角線とパースラインの交点を求め水平線を描く

### ii．グリッドの追加

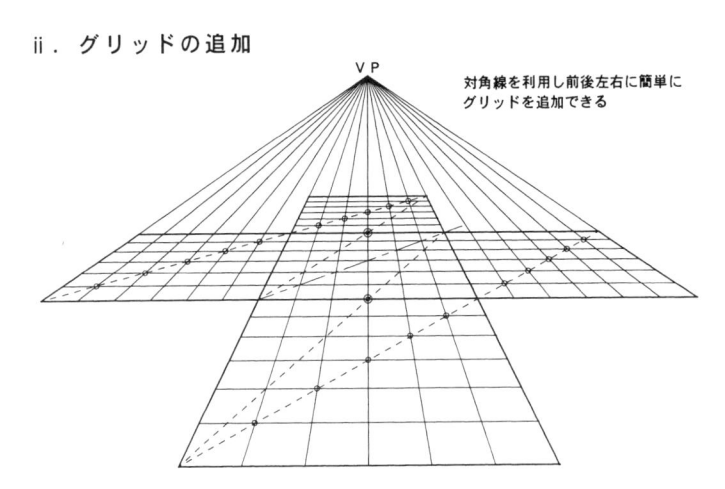

対角線を利用し前後左右に簡単にグリッドを追加できる

# パースグリッド 2 ──室内をダイナミックに描く

## 0：部屋の大きさ　間口12m・奥行き6m・高さ6mの吹抜空間

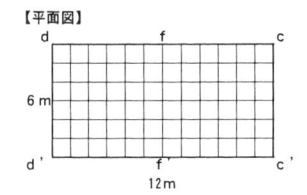

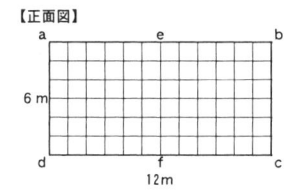

【平面図】　　　　　　　　　　　　　　【正面図】

## i．グリッドの水平線を引く

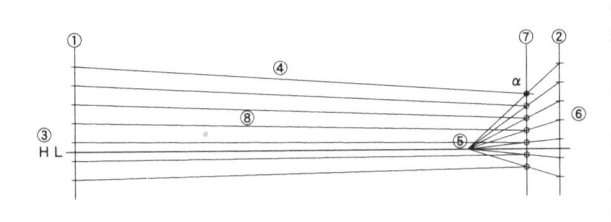

【作図手順】
① 1m間隔で高さ方向の目盛をとる
　（1/100では1cm）
② ①と平行に同様の目盛をとる
③ 目の高さのラインHLを引く
　（水平線：1.5mに設定）
④ 上端のラインを決める
　（構図によって角度は任意）
⑤ 目の高さのライン上に点をおく
⑥ ②の各高さと⑤の点を結ぶ
⑦ ④と⑥の交点αを通る垂直線を引く
⑧ ①の各高さと⑦上の交点とを結び
　パースラインを描く

## ii．正面の壁を描く

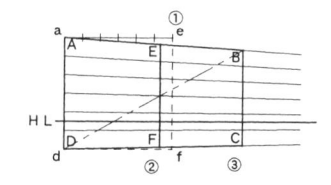

【作図手順】
① 正面図の左半分aefd（6m×6mの正方形）を描く
② ae間よりも少し狭くAEを取りグリッド上に正面図の左半分AEFDを描く
③ DからEFの中点を通る線を描きBを求め正面図の右半分EBCFを描く

## iii．正面のグリッドを描く

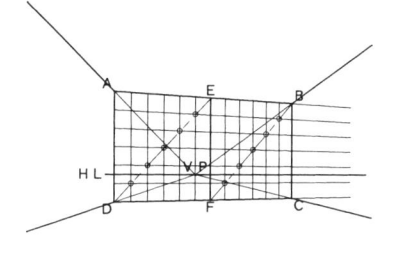

【作図手順】
① AEFD・EBCFそれぞれの対角線とパースラインとの交点を求め正面の壁のグリッドを描く
② VPをHL上におく（壁が高く見えるADに寄せておく）
③ VPとABCDそれぞれを結びその延長線で天井・横壁・床を描く

## iv．壁・床のグリッドを描く

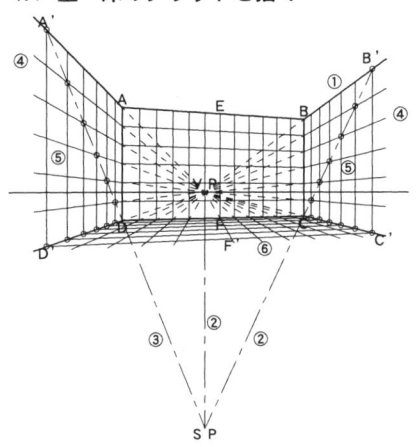

【作図手順】
① 6m分の奥行きBB'をとる
　（右壁BB'C'Cが正方形らしく見えるような距離をとる）
② 右壁の対角線B'Cを延長しVPからの垂線との交点をSPとする
③ SPとDを結びその延長線が左壁の対角線になる
④ VPからAD・BCの各高さの点を結び壁のパースラインを描く
⑤ ④で延長した線と対角線との交点を求め壁のグリッドを描く
⑥ VPからの床へのパースラインを描き床のグリッドを描く
　（天井も同様にして完成させる）

## v．グリッド完成

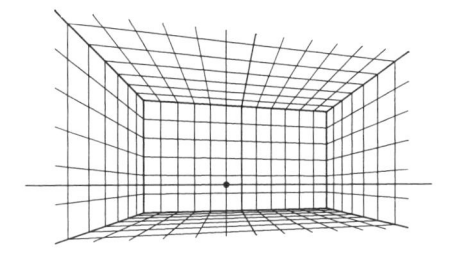

## vi．開口部を描く

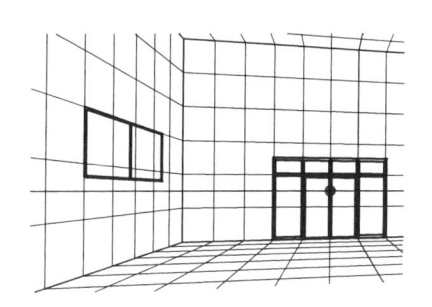

## vii．家具を描く
床および壁に家具の3面図を描く

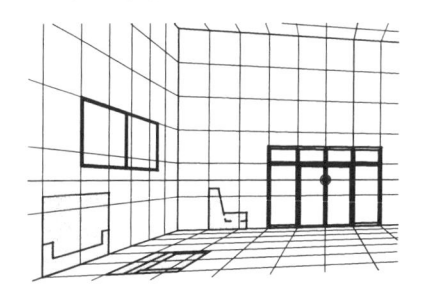

## viii．完成
3面図を元にパースラインを用いて家具を描く

# 参 考 文 献

◆ 1 章

インテリアデザイン教科書研究会編著：インテリアデザイン教科書，彰国社，1999．
尾上孝一・小宮容一・妹尾衣子・安達英俊：完全図解インテリアコーディネートテキスト，井上書院，1998．
小原二郎・加藤 力・安藤正雄編：インテリアの計画と設計，彰国社，1986．
国土交通省住宅局建築指導課監，日本建築技術者指導センター編：インテリアプランナー試験問題と解説，霞ヶ関出版社，2001．
国土交通省住宅局建築指導課監，日本建築技術者指導センター編：二級建築士試験問題と解説，霞ヶ関出版社，2001．
最新 5 か年 インテリアコーディネーター資格試験問題集［平成 13 年度版］，井上書院，2001．
積水ハウス東京設計部監修，グラフィック社編集部編：インテリアデザイニング，グラフィック社，1998．
東京商工会議所：福祉住環境コーディネーター検定 3 級テキスト改訂版，東京商工会議所，2002．
中野 明：インテリアデザインー計画基礎から空間設計まで，建帛社，2001．
日本建築学会編：西洋建築史図集，彰国社，1973．
日本建築学会編：日本建築史図集［新訂版］，彰国社，1980．
日本建築学会編：新訂 近代建築史図集，彰国社，1975．
(社)インテリア産業協会：http://www.interior.or.jp/
(財)建築技術教育普及センター：http://www.jaeic.or.jp/
国土交通省：http://www.mlit.go.jp/
東京商工会議所検定センター：http://www.kentei.org/

◆ 2 章

岩井一幸・奥田宗幸：図解すまいの寸法・計画事典，彰国社，1994．
インテリア産業協会：インテリアコーディネーターハンドブック技術編，インテリア産業協会，1994．
尾上孝一・小宮容一・妹尾衣子・安達英俊：完全図解インテリアコーディネートテキスト，井上書院，1998．
加藤 力：インテリアコーディネーターの人間工学，ハウジングエージェンシー，1992．
住まい 15 章研究会編：住まい 15 章改訂版，学術図書出版，1992．
日本家政学会編：家政学シリーズ 19 住まいのデザインと管理，朝倉書店，1990．
日本建築学会編：建築設計資料集成 3 単位空間 I，丸善，1980．

日本建築学会編：建築設計資料集成 総合編，丸善，2001．

◆ 3 章
岩井一幸・奥田宗幸：図解すまいの寸法・計画事典，彰国社，1994．
インテリア・コーディネートブック編集委員会編：インテリアコーディネートブック 収納と空間構成，インテリア産業協会，1999．
インテリア産業協会：インテリアコーディネーターハンドブック販売編，インテリア産業協会，1994．
尾上孝一・小宮容一・妹尾衣子・安達英俊：完全図解インテリアコーディネートテキスト，井上書院，1998．
加藤　力：インテリアコーディネーターの人間工学，ハウジングエージェンシー，1992．
剣持　仁・川上信二・垂見健三・藤森啓治編：家具の事典，朝倉書店，1986．
図解住居学編集委員会編：図解住居学 2 住まいの空間構成，彰国社，2000．
日本建築学会編：建築設計資料集成 3 単位空間 I，丸善，1980．
プロフェッショナルブック「インテリア」編集委員会編：インテリアコーディネートの技法，産業調査会，1996．
プロフェッショナルブック「インテリア」編集委員会編：インテリアと生活文化の歴史，産業調査会，1996．
プロフェッショナルブック「インテリア」編集委員会編：インテリアの材料と商品，産業調査会，1996．

◆ 4 章
小原二郎・加藤　力・安藤正雄編：インテリアの計画と設計，彰国社，1986．
図解住居学編集委員会編，大野治代・矢野　隆ほか著：図解住居学 5 住まいの環境，彰国社，1998．
空気調和・衛生工学会編：空気調和・衛生設備の知識，オーム社，1993．

◆ 5 章
池辺　陽：すまい，岩波婦人叢書，岩波書店，1954．
小原二郎・加藤　力・安藤正雄編：インテリアの計画と設計，彰国社，1986．
えひめ住まいと暮らしの年鑑 '98，エス・ピー・シー出版 住まい情報，1998．
住環境の計画編集委員会編：住環境の計画 2 住宅を計画する，彰国社，1987．
図解住居学編集委員会編，田中　勝・小川正光ほか著：図解住居学 2 住まいの空間構成，彰国社，2000．
鈴木成文：生活像と住宅計画，京都大学西山研究室編，現代の生活空間論（上），勁草書房，1968．
西山夘三，日本のすまい II，勁草書房，1976．
Daiwa House Amenities Collection インテリア編 2001/1-2001/6，ダイワハウスカタログ．

## ◆ 6 章

井上　博・梶浦恒男ほか：マンション点検―その管理と補修―，日本放送出版協会，1986．
延藤安弘：こんな家に住みたいナ，晶文社，1983．
大阪ガス実験集合住宅 NEXT21 住戸コンセプト集．
計画修繕の手引き，団地サービス．
現代の住生活の問題，家庭科教育，**60**(9)，家庭教育社，1986．
高層住宅管理業協会マンション管理センター：図で見るマンション管理，大成出版社，2000．
日本建築学会編：建築設計資料集成 6，丸善，1979．
奈良女子大学湯川研究室：住宅，1983．1．
湯川聰子・井上洋子：新訂版 住居学入門，学芸出版社，2000．
湯川利和：不安な高層 安心な高層，学芸出版社，1987．

## ◆ 7 章

東　孝光：住まいと子供の居場所 100 章，鹿島出版社，1987．
厚生省大臣官房統計情報部：高齢者をとりまく世帯の状況，国民生活基礎調査報告，厚生統計協会．
人口動態統計（1999 年），大臣官房統計情報部人口動態統計課．
宮田幹夫：シックハウス症候群，化学物質と環境，**34**，エコケミストリー研究会，1999．

## ◆インテリアの表現 I

JIS ハンドブック 9　建築 II，日本規格協会，2001．
JIS ハンドブック 59　製図，日本規格協会，2001．
ネオジオ：中庄の家，2000．8．

## ◆ 8 章

小島尚美：色の事典，西東社，2000．

## ◆ 9 章

暮らしを彩るあかりの本，PHP 研究所，1998．
照明学会・照明普及会編：住まいの照明マニュアル，照明学会・照明普及会，1999．
山本其觀代：資格ガイド インテリアコーディネーター，成美堂出版，2001．

## ◆ 10 章

犬塚　浩：住宅品質確保促進法解説 第 2 版，三省堂，1999．
インテリア産業協会：インテリアコーディネーターハンドブック販売編，インテリア産業協会，1997．
インテリアデザイン教科書研究会：インテリアデザイン教科書，彰国社，1993．
建築資料研究社：素材・建材ハンドブック，CONFORT，2 月増刊，1999．
建築図解事典編集委員会編：図解事典建築のしくみ，彰国社，2001．
嶋津孝之ほか：建築材料 第 3 版，森北出版，1994．
日本建築学会編：構造用教材，日本建築学会，1995．

日本建築技術者指導センター：平成 13 年度版 建築法規の手引き，霞ヶ関出版社，2001.
早川　潤ほか：絵とき建築材料，オーム社，1988.
前川純一：誰にもわかる騒音防止ガイドブック，共立出版，1981.

### ◆ 11 章
小原二郎：マンションリフォームの設計と施工，彰国社，1994.
(財)住宅リフォーム・紛争処理支援センター：http://www.chord.or.jp/

### ◆ 12 章
インテリア産業協会：インテリアコーディネーターハンドブック販売編，インテリア産業協会，1997.

### ◆インテリアの表現 II
インテリア産業協会：インテリアコーディネーターハンドブック技術編，インテリア産業協会，2000.
高塚久美子：グリッドパース，相模書房，1995.
ネオジオ：玉出の家，2001. 2.

# 索引

## あ行

アイソメ図 130
アイランド型配置 17
アクソメ図 130
アクティブソーラー 39
アーゴノミー系家具 22
アーツ・アンド・クラフツ運動 27
アプローチ 67
アルミニウム 105
アレルゲン 68
安全性 62

維持管理 113
いす座 14
いすの寸法 22
板目 104
一級建築士 128
1点透視図法 132
色 82
　――の感情効果 86
　――の三属性 83
色温度 98
色立体 84
インテリアコーディネーター 10,122,128
インテリアスタイル 8
インテリア専門店 3
インテリアファブリクス 103
インテリアプランナー 10,127
インテリアプランニング 4
インフィル 118

ウインドウトリートメント 94

ADL 49,62
SI 構法 118

FRP 105
エフロレセンス 110
MDF 109
L 字型配置 17
エレガントスタイル 9
遠近法 131
演色性 98
縁辺対比 88

オクタビア・ヒル 55

## か行

改修 113
改装 120
階段 66
階段室型 52
改築 120
快適温湿度 38
開放型燃焼器具 38
化学物質過敏症 68
家具 22
瑕疵 126
可視光線 82
家事室 18
家事労働 50
ガス 33
片廊下型 52
家庭内事故 62
カビ 104
カーペット 105
加法混色 83
カラーコーディネーター 10,128
ガラス 105
換気設備 36
寒色 87
カントリースタイル 9
管理 54

管理組合 55

木 104
機械換気 36
起居様式 14
木摺り 104
キッチントライアングル 17
機能材 103
揮発性物質 115
揮発性有機化合物 107
給水方式 34
共用部分 120
局所換気 36
居室配置 43

空気伝搬音 107
矩形図 74
腐れ 104
区分所有法 54,120
クラシックスタイル 8
グラスウール 107
クリアランス 110
グリッパー 106
クーリングオフ 126

蛍光灯 98
珪藻土 104
継続対比 88
結露 107
玄関 67
建築基準法 126
減法混色 83

高気密・高断熱住宅 37
光源色 82
公私室分離型住宅 44
構造材 102
高層集合住宅 58
光束 96

光度　96
合板　109
高齢者　48
高齢者住宅　60
ゴシック　26
固体伝搬音　107
子供室　18,46
コーポラティブ住宅　53
小舞　104
コラージュ　2
コールドドラフト　38
コンクリート　105
コンサルティング　124

## さ行

採光　92
最小空間　13
材料　102
作業域　12
差尺　23
サニタリー　19,47
三原色　83
3面図　76

仕上げ材　102
仕上表　78
JASS　126
シェルター系家具　22
資格　10,128
色彩検定　128
色相環　84
色相配色　89
軸組図　76
軸測投影法　130
仕口　25
JIS　106
次世代住宅省エネ基準　32
自然換気　36
下地材　102
漆喰壁　104
シックハウス症候群　68,107
室内環境コントロール　37
室内空気汚染　36
遮音材　103
遮音等級　119
尺度　72
JAS　106
住戸　52

集合住宅　52
収縮色　87
就寝分離　42
集成材　109
住宅性能表示基準　126
住宅用太陽光発電システム　32
収納空間　23
住様式　14
縮尺　72
準人体系家具　22
準同居　48
順応型住宅　45
準不燃材料　106
仕様規定　106
仕様書　78
照度　96
消防法　126
照明器具　97
照明計画　96
照明コンサルタント・照明士　128
食寝分離　42
寝室　18
人体系家具　22
人体寸法　12
人体比例　12

水道　34
すさ　104
ステンレス　105
砂壁　104
図面　72
寸法　16

生活分離系　48
生活融合系　48
性能規定　106
石材　104
施工　119
接客空間　46
接合　25
節水対策用器具　34
設備　32
設備図　79
セミアーゴノミー系家具　22
セメント　105
セラミックス　105
洗面・脱衣場　65
専有部分　120

増築　120
ソシオフーガル　15
ソシオペタル　15
ゾーニング　43
ソーラーシステム　39

## た行

耐火被覆　107
ダイニングキッチン　43
ダイニングルーム　16
耐用年数　113
大理石　104
対流型　39
建具表　78
建物系家具　22
単位空間　13
暖色　87
断熱材　103
断面図　74

地域的スタイル　8
虫害　104
中廊下型　52
長寿社会対応住宅設計指針　67
直列型配置　17
賃貸集合住宅　54

継ぎ手　25

DIY　112
デザイン　2
鉄筋コンクリート　110
鉄鋼　105
デュアルリビング　46
展開図　76
電気　33
天井伏図　76

トイレ　19,65
投影図法　130
同居　48
動作空間　13
動作寸法　12
透視図　131
同時対比　88
動線　13,43
共働き夫婦　50

トラブル　56
塗料　108
トーン配色　90
トーン表色系　85

## な行

内装制限　102
難燃材料　106

二級建築士　10,128
日常生活動作能力　49
日照時間　92
2点透視図法　133
入浴観　19

塗り壁　104

ネオ・クラシシズム　26
熱交換型機器　37

## は行

配光　97
配色　89
配色用語　90
排水トラップ　35
配置図　76
白熱電球　98
パース　131
パースグリッド　134
パースペクティブ　131
パースライン　132
パーソナルスペース　14
パッシブソーラー　39
パーティクルボード　109
バリアフリー　49,70,117
バリアフリー住宅　64
バロック様式　26

必要空間　13
標準設計　52
表色系　85

ファイバーボード　109

VOC　36,115
夫婦寝室　46
福祉住環境コーディネーター　10,127
輻射型暖房　39
輻射型冷房　39
物体色　82
不燃材料　106
フラット　52
フラット設計　117
不陸　102
プレゼンテーション　125
プレゼンテーションボード　125
フローリング　119
分譲集合住宅　54

平行透視図法　132
平面図　74
並列型配置　17
ベークアウト　110
別居　48
便器　35

膨張色　87
北欧家具　28
補修　113
ホームオートメーション　40
ホルムアルデヒド　110

## ま行

マーケティング　122
柾目　104
窓材　94
窓の形態　93
間取り　42
マンセル色相環　84

御影石　104

メゾネット　52
面積対比　88

木造建築士　128
モダンスタイル　9

モデュール　14
モルタル　105

## や行

役物　105

有角透視図法　133
U字型配置　17
床座　14
ユーティリティ　18,47
ユニバーサルデザイン　32,70

洋室　42
浴室　19,66

## ら行

ライフサイクル　45
ライフスタイル　45
ライフステージ　45
ランプ　99

履床様式　20
リゾートスタイル　9
立面図　76
リビング　16,46
リフォーム　112,114
リフォームプランナー　112
領域の確定　59

ルネッサンス様式　26

冷暖房設備　38
歴史的スタイル　8

廊下　67
ロココ様式　26
ロックウール　107

## わ行

和家具　29
和室　42
ワンルーム事情　4

住まいのインテリアデザイン

2002 年 5 月 15 日　初版第 1 刷
2013 年 6 月 25 日　　　第 10 刷

定価はカバーに表示

| | | |
|---|---|---|
| 著　者 | 牧　　野　　唯 | 美子 |
| | 木　　谷　　康 | 美子 |
| | 郡　司　島　宏 | 子 |
| | 齋　　藤　　　功 | 子 |
| | 北　　本　　裕 | 之 |
| | 宮　　川　　博 | 恵 |
| | 奥　　田　　紫 | 乃 |
| | 北　　村　　薫 | 子 |
| 発行者 | 朝　　倉　　邦 | 造 |
| 発行所 | 株式会社 朝　倉　書　店 | |

東京都新宿区新小川町6-29
郵便番号　162-8707
電　話　03 (3260) 0141
ＦＡＸ　03 (3260) 0180
http://www.asakura.co.jp

〈検印省略〉

© 2002〈無断複写・転載を禁ず〉
ISBN 978-4-254-63004-6　C3077

シナノ・渡辺製本
Printed in Japan

**JCOPY** <(社)出版者著作権管理機構 委託出版物>

本書の無断複写は著作権法上での例外を除き禁じられています．複写される場合は，そのつど事前に，(社)出版者著作権管理機構（電話 03-3513-6969, FAX 03-3513-6979, e-mail: info@jcopy.or.jp）の許諾を得てください．